부드러운 양상추

やわらかなレタス
Yawarakana Lettuce
Copyright © 2011 by Kaori EKUNI
First published in Japan in 2011 by Bungeishunju Ltd.
Korean translation rights arranged with Kaori EKUNI
through Japan Foreign-Rights Centre/Shinwon Agency Co.

이 책의 한국어판 저작권은 Japan Foreign-Rights Centre/Shinwon Agency를 통한
Kaori EKUNI와의 독점 계약으로 (주)태일소담에 있습니다.
저작권법에 의해 한국 내에서 보호를 받는 저작물이므로 무단 전재와 무단 복제를 금합니다.

부드러운 양상추

펴낸날 ｜ 2011년 11월 14일 초판 1쇄

지은이 ｜ 에쿠니 가오리
옮긴이 ｜ 김난주
펴낸이 ｜ 이태권
펴낸곳 ｜ (주)태일소담
　　　　서울시 성북구 성북동 178-2 (우)136-020
　　　　전화 ｜ 745-8566~7　팩스 ｜ 747-3238
　　　　e-mail ｜ sodam@dreamsodam.co.kr
　　　　등록번호 ｜ 제2-42호.(1979년 11월 14일)
　　　　홈페이지 ｜ www.dreamsodam.co.kr

ISBN 978-89-7381-260-8　03830

- 책값은 뒤표지에 있습니다.
- 잘못된 책은 구입하신 곳에서 교환해드립니다.

やわらかなレタス
부드러운 양상추

에쿠니 가오리 지음 | 김난주 옮김

소담출판사

차례

따뜻한 주스 7

설날, 혹은 또다시 따뜻한 주스 13

쇼핑의 전말, 또는 열빙어튀김 상큼 볶음 19

대구 26

입춘 전날 32

프라이팬과 계란 프라이 37

밖은 비 43

방랑하는 웨이터 48

천국의 맛 54

뉴욕, 폭설과 도넛 59

뉴욕, 돼지 코 66

미역귀 데침 72

흰 빵과 검은 빵 78

여행의 여운 84

에잇 89

기차 여행과 세멸 도시락 95

꼬들꼬들 101

우무 찬가 106

장미와 장어구이 112

맛난 먹을거리, 혹은 매혹의 욧카이치 118

'된장'의 긍지 124

길치, 또는 사전 회의의 전말 129
비 내리는 아침 부엌에서 135
예약병 142
과일, 과일, 과일! 149
병원과 족발 154
김 도시락 160
그리고 인생은 계속된다 166
버터밀크의 수수께끼 172
쇼와 시대의 설탕 178
콜드미트 184
여름휴가, 우동, 그리고 스도쿠 189
비바, 마사지 196
바에서 먹는 밥, 그리고 알래스카 202
포도 한 알 209
그리고 하마들은 탱크에서 익어 죽었다 214
아사히카와의 소다수 219
포타주와 기계 225
빵과 불문율 231
부드러운 양상추 236
옮긴이의 말 241

따뜻한 주스

 오늘은 구름 낀 어둡고 추운 날인데, 개가 목욕을 해야 해서 왕복 한 시간 거리를 두 번(데려다 주고, 데려오고)이나 오갔다. 중간에 공사 중인 도로가 있어, 아저씨 셋이 임시 보도를 안내해주었다. 보도에 깔린 초록색 고무 깔개가 어쩐 일인지 젖어 있고, 은행잎이 잔뜩 들러붙어 있어 애처로워 보였다.

 내가 키우는 개는 다섯 살 때 시력을 완전히 잃었다. 열한 살인 지금은 잘 걸어 다니기는 하지만 길을 안내해주어야 한다. 그러지 않으면 보란 듯이 부딪쳐 주위에 혼란을 일으킨다. 그래서 세 아저씨가 개를 데리고 가는 나에게 길을 안내하고, 세 아저씨에게 길을 안내받은 내가 개에게 길을 안내하는 복잡한 꼴이 되었다.

우체국 앞을 지나고 약국 앞을 지나고 생선초밥집 앞을 지나고 주유소 앞을 지난다. 이어 정육점 앞을 지나던 나는 진열 케이스에 든 닭 날개를 보고 걸음을 뗄 수가 없었다. 비닐에 꾹꾹 눌린 닭 날개가 몹시 추워 보였기 때문이다. 물론 정육점 진열 케이스는 바깥 기온과 상관없이 일정한 온도가 유지되는 냉장고고, 날고기는 그런 곳에서야말로 느긋하고 신선할 수 있다는 것을 안다. 아는데도, '꽁꽁 얼어서 부들부들 떨고' 있는 것처럼, 심지어는 '비감하게' 보였다.

우리가—나와 개—걸을 때는 늘 그런 일이 생긴다. 오가는 데 겨우 한 시간 걸리는 길이 무작정 떠난 여행인 것만 같고, 현실이 조금씩 흔들린다. 어디를 걷고 있는지, 언제까지 걸어야 하는지 모른 채(이건 개), 아무 탈 없이 집에 돌아갈 수 있을까 하는 불안감을 안고서(이건 나), 마냥 앞으로 걸어간다.

집에 돌아와 현관문을 열었을 때 내 머리에 떠오른 것은 따뜻한 주스였다. 뭐가 어찌됐든 우선은 따뜻한 주스를 마서야겠어, 그렇게 생각했다.

따뜻한 주스가 어떤 것인지 실은 나도 모른다. 한 번도 마셔본 적 없고, 본 적도 없다.

『무민 골짜기의 겨울』이라는 책이 있다. 토베 얀손이 엮어낸 대담하면서도 섬세한 이야기들—무민 가족을 둘러싸고 전개되는—중에서도 한결 맛이 깊은 이 책에 '따뜻한 주스'가 등장한다.

무민은 겨울잠을 자는 생물이라 보통은 겨울 내내 잠을 잔다. 그런데 가족들이 모두 잠든 때, 어쩌다 무민트롤 혼자 깨어나면서 이야기가 시작된다. 집 안이 '왠지 낯설어' 보이고, 부엌은 '휑하고 황량한 느낌'이 든다. 문이나 창문을 열려고 해보지만 '꽁꽁 얼어붙어'서 움직이지 않는다. 무민트롤은 어째야 할지 몰라 굴뚝 청소를 할 때 사용하는 문을 통해 지붕으로 기어 올라갔다가, 발을 헛디디는 바람에 굴러떨어지고 만다. 태어나서 처음 보는 '눈'이라는 것 위로.

미지의 장소에서 그는 자신과는 다른, 잠자지 않고 겨울에 활동하는 생물들을 만나고, 가족 중 누구도 경험하지 못한 '겨울'이라는 시간과 홀로 마주한다. 그런 스토리다 보

니, 늘 어두운 하늘과 눈에 덮인 얼어붙은 풍경이 배경이다. 등장하는 생물들에도 어딘지 모르게 그늘이 있다. 부끄럼을 너무 많이 타는 나머지 결국은 모습을 감춰버린 다람쥐, 자유롭고, 그래서 당연히 고독한 애어른 같은 여자아이, 모두가 싫어한다는 걸 모른 채 한없이 긍정적인 헤뮬렌 등.

　무민이 잘 아는 장소인 자기 집이, 실은 전혀 모르는 장소였다는 점이 이 이야기의 빛나는 핵심이다. 그들은 기운을 차리기 위해 가끔씩 '따뜻한 주스'를 마신다.

그 말이 환기하는 어떤 힘에 나는 놀라고 만다. 따뜻한 주스, 라잖아요. 다람쥐가 가사 상태에 빠질 만큼(!) 추운 곳이니, 그야 필요할 것이다. 서로가 사연을 지닌 외톨이기에 더욱이 빼놓을 수 없을 것이다. 한 잔 마시면 마음이 푸근해지고, 배에 불을 밝힌 듯한 느낌이리라. 달콤함이 입안에 번지고, 힘도 불끈 솟으리라. 아주 뜨겁지는 않은, 적당히 따끈한 온도일 것이다. 천천히 침투해 훈훈하게 몸을 데우는 동시에 허기를 살짝 채워주고, 기분을 달래주고 또 기운도 나게 하는 액체에 어울리는 온도.

그런 모든 것을 또렷하게 느낄 수 있다. 책 안에는 색깔이나 맛에 대한 어떤 설명도 없지만, 그래서 한층 일상적이고 흔한 공통의 음료로 거기에 고스란히 존재할 수 있다.

어떤 과일로 만든 주스인지도 모른다. 구스베리인지 사과인지 레몬인지. 왠지 빨간색 액체일 듯한데, 엄마 무민이 만드는 감기약 레시피에 포도 주스가 있어서인지도 모르겠다. 하지만 '어떤' 주스인지는 중요하지 않다. 마치 우리가 '재미난 술을 마셨다'고 할 때나, '그 사람은 술버릇이

나쁘다'고 할 때, 그 술이 맥주인지 정종인지 와인인지 상관없는 것처럼.

    따뜻한 주스.

    페트 숍에서 돌아온 나는 그 말을 떠올리고, 그 말을 음미한다. 진하고 달콤하고 너무 뜨겁지 않은 그 말을. 그렇게 해서만 마실 수 있는 것이 분명 있다.

    그리고 생각한다. 아, 춥다. 하지만 무사히 돌아왔어. 개는 보송보송. 다행이다.

설날, 혹은 또다시 따뜻한 주스

　설날은 보통날과 다르다. 보통날과 다르다는 것은 특별하다는 뜻이고, 그래서 해마다 조금은 기쁘다. 설날에는 도쿄라는 거리에서 사람과 자동차가 줄어들고 공기가 맑아진다. 실제로 올 설날의 밤하늘은 정말 멋졌다. 달은 하얗고 선명하게 빛났고, 총총한 별은 싸늘하게 빛났다. 꼭 이랬으면 좋겠다고 바란 그대로 이루어진 예는 별로 없어도, 연말에 대청소(흉내 수준)를 하기 때문에 집 안도 보통 때보다 청결하고, 시장을 봐 오기 때문에 먹을거리도 풍족하다. 남편은 회사에 가지 않아도 되고, 내 업무용 전화도 울리지 않는다. 아침부터 샴페인을 마셔도 켕길 것이 없다. 모두 좋은 일뿐이다.

그러나, 그럼에도 불구하고 해마다 설날이 지나고 나면 나는 그 자리에 푹 쓰러질 만큼 안도한다. 보통날이 돌아왔다! 하는 기쁨 때문에. 비일상에서 간신히 살아남았다는 거창한 감회에 젖기까지 한다.

그럴 만한 이유가 몇 가지 있는데, 가장 큰 이유는 설날에 대한 내 강박관념이다. 나는 강박관념이 아주아주 끔찍하다.

우선은 쓰레기. 12월이 되면 온갖 곳에 안내문이 나붙는다. 연말 마지막 수거일(쓰레기 종류별로 네 가지 날짜)과 연초 수거 개시일(마찬가지로 네 가지 날짜)의 일람표다. 그 안내문이 출현하는 순간부터 공포는 시작된다. 혹시 그날 내다 놓지 못하면 어쩌지. 아니야, 괜찮아, 절대로 그럴 일은 없어. 하루에도 몇 번이나 속으로 그렇게 중얼거린다. 시장을 보는 것도 그렇다. 필요한 것은 모두 사놓아야 한다고 생각하는 것 자체가 내게는 공포다. 냉동할 수 있는 고기나 생선이라면 몰라도, 채소는 일찍 사두면 상할 수도 있고, 그렇다고 너무 기다리면 품절될지 모른다.(예전에 그런 일이 있었다). 개 사료나 용변용 시트 같은 일용품도 충분하지 않으면 불안하다. 설을 맞이하기 위해 대문에 내거는 장식물의 압박은 한층 더하다. 관습적으로 피하는 29일과 31일을 제외하면 28일이나 30일에 사는 수밖에 없는데, 만약 30일에 사려고 했다가 비라도 오면 대책이 없으니(우산을 쓰고 장식물을 전부 들고 오는 건 어느 모로 보나 불가능하다), 결국 28일밖에 선택의 여지가 없다. 하지만 28일에는 비가 오더라도 사러 나갈 생각을 할 테니, 그 점이 우습다. 30일에 더한 폭우가 쏟아질 경우를 상상하지 않을 수 없기 때문이다.

설 연휴에는 은행도 우체국도 치과도 문을 열지 않는다. 이 장소들은 보통 때에는 몹시 기피하는 곳이지만, 휴업을 한다고 하면 바로 불안해진다. 혹 쓸 돈이 떨어지거나 이가 아프면 어쩌지. 이런저런 일 외에 내 일도 있다. 평소 같으면 내 일이 우선이지만, 설 준비를 해야 하는 상황에서는 일을 우선하기가 왠지 껄끄럽다. 그렇다고 일을 뒤로 미룰 수도 없으니, 나는 12월 내내 껄끄럽게 지내야 한다.

사람들은 당연하게 하는 일들을 너는 왜 못하느냐고 누군가 비난하는 듯한 기분이 든다. 예를 들면, 돌아가신 아버지가. 돌아가신 아버지는 무슨 일이든 소란 피우는 것을 싫어하는 분이었다. 평소에 반듯하고 빈틈없이 지내면 설날이라고 특별히 청소를 하거나 시장을 볼 필요가 있겠느냐고 했다. 나 역시 옳은 말이라고 생각한다. 설날 따위는 365일 중 그저 하루에 지나지 않는다고.

하지만.

평소에 반듯하고 빈틈없이 지낼 수 없는 나는 적어도 설날 정도는 반듯하게 지내야겠기에 애를 태운다. 청소를 하고, 몇 번이나 시장을 봐 오고, 커튼을 빨고, 수반에 꽃을 꽂고, 청어알에서 소금기를 빼고, 곱은 손가락으로 대문에 소나무 장식을 한다. 솔잎이 손가락을 콕콕 찌른다. 그러는 한편, 그러고 있는 나 자신이 부끄러워 견딜 수 없어 한다. 조금도 반듯하지 못하면서 반듯한 척한다고 생각한다. 꼴불견이라고 생각한다.

정말 골치 아프다. 게다가 연말연시면 감기에 걸린 것도 아닌데 꼭 열이 난다. 어렸을 때부터 흥분하거나 팔을 너무 쓰면 열이 나는 체질이다. 운동회 다음 날이나 누구와 입씨름을 한 후, 만두피 반죽을 한 다음이나 팔씨름을 한 후면 꼭 열이 나는 것이다. 옛날부터 그랬기 때문에 익숙하지만, 익숙해도 연말연시인 만큼 그 상태가 계속되면 에너지가 소모된다.

그런 사연이 있기에, 올 설이 지나갔을 때도 온몸으로 안도했다. 그 안도감이 얼마나 크고 극적이었는지 모른다. 코앞으로 다가온 마감과 그 때문에 밤샘 작업을 해야 하는 것마저 반가울 정도였다. 이제는 공포에 떨지 않아도 된다. 이것도 하고, 저것도 하고, 그것도 하지 않으면 설날은 오지 않는다는 강박관념이 얼마나 끈덕지던지. 부정하고 싶지만 끝내 부정할 수 없고, 굴하고 싶지 않은데 어쩔 수 없이 굴하고 만다. 부끄럽다. 그에 비하면 밤샘 작업 따위가 뭐라고.

올 들어 첫 번째 원고를 탈고했을 때, 그리웠던—마지막 간 게 작년이었으니까—술집을 찾았다.

"조제할까요?"

따끈한 럼 칵테일을 주문했더니 바텐더가 그렇게 물었다. 뜻 모를 말이었지만, 신뢰하는 사람이라 좋다고 대답했다.

김이 모락모락 피어오르는 황갈색 액체는 그냥 보통 럼 칵테일로 보였다. 그런데 한 모금 마시고서, 나는 말을 잃었다. 너무도 놀라워서.

그것은 따뜻한 주스였다. 바로 앞에서 한 번도 마셔본 적 없다고 쓴, 바로 그 따뜻한 주스!

 돌아왔다고 생각했다. 반듯하지 못하고 빈틈도 많은 나 자신으로 돌아왔다고. 반갑고도 서글픈 일이었다.

 "어떻게 조제했는데?"

 그렇게 물으니 가르쳐주기는 했는데(앙고스투라 비터즈 angostura bitters를 넉넉하게 따르고 레몬즙을 첨가), 그것이 따뜻한 주스일 수 있는 이유는 레시피에 있지 않고 허용의 마법에 있다고 생각한다. 상상했던 대로 달콤하고 따끈하고 깊은 맛이었지만, 조금은 쓸쓸한 맛도 난다는 것을 처음 알았다.

쇼핑의 전말, 또는 열빙어튀김 샹큼 볶음

 오랜만에 여동생과 쇼핑에 나섰다. 그냥 장을 보는 것과는 다르다. 옷이나 구두, 목도리나 과자 같은 좋아하는 것, 아름다운 것, 마음이 화사해지는 것을 사는 게 쇼핑이다.
 하늘도 그런 우리를 축복하듯 맑고 환하게 개었다. 오후 1시에, 큰맘 먹고 롯본기힐즈에서 만나기로 했다. 왜 롯본기힐즈냐 하면, 나나 동생이나 지금까지 단 한 번도 그곳을 제대로 본 적이 없기 때문이다. 택시를 타고 그 옆을 지날 때마다, 바람에 소슬거리는 가로수의 풍성한 나뭇잎과(겨울밤이면 마른 나뭇가지에서 알전구가 반짝인다) 커피 담긴 종이컵을 들거나 옷 입은 강아지와 함께 그 아래를 산책하는 사람들을 보면서 참 좋겠다고 생각했기 때문이다.

"오늘은 좋아하는 건 뭐든 마음껏, 사고 싶은 만큼 사도 되는 거다!"

"응."

우리는 서로의 의지를 확인한다.

"다 들 수 없을 만큼 사도 되는 거지?"

"그럼. 다 들 수 없으면 택배로 보내면 되잖아."

그런데 30분 후, 우리는 우왕좌왕 어쩔 줄 모른다. 록본기 힐즈가 너무 넓어서, 어디에 뭐가 있는지 전혀 알 수 없기 때문이다. 플로어 맵이란 것을 들춰본다. 건물이 몇 동이나 있고, 동 간 거리가 상당하다는 것을 비로소 안다. 'SHOPS'라고 쓰인 가게 이름 일람표를 뚫어져라 쳐다본다. 알파벳으로 표기된 조그만 글자를 필사적으로(노안이라서) 읽는다. 그런데도 무슨 가게인지 도무지 알 수가 없다.

"여기 가볼까?"

이름의 울림이 마음에 들었는지, 동생이 한 곳을 가리켰다. 그런데 막상 가보니 네일 살롱이었다.

"쇼핑하는 곳이 아니네."

우리는 갈피를 못 잡고 어슬렁거리기만 했다. 옷과 구두를 파는 가게가 몰려 있는 곳을 간신히 찾고서도, 들어갔

다가 불안해서 바로 나오고 만다. '뭐든' 사도 좋은 날이기는 하지만 당장 필요한 게 있는 것도 아니니 그냥 포기할까 싶어진다. 즐비한 가게들이 모두 똑같아 보여 당황한다. 한 시간이 지났지만, 우리는 여전히 무엇 하나 사지 못한 채였다.

  그래도 쇼핑은 신 나게 해야지.

  둘 다 그렇게 작정한 데다 반나절을 고스란히 쇼핑에 쓰는 사치는 여간해선 부릴 수 없으니 이 기회를 놓쳐선 안 된다는 묘한 의무감에 사로잡혀 이리 기웃 저리 기웃거렸다. 가게 점원과도 묘한 대화가 이어진다.

"이건 치마인가요?"
"치마도 되고, 드레스나 케이프가 될 수도 있어요."
"……." (대꾸하지 못함)

"여기 자주 오세요?"
"아니, 처음인데요."
"어머, 그러세요. 놀랍네요."
"왜 놀랍죠?"

"……." (대답 없음)

어쩌면 이런 곳에서 뭔가를 사려면 특별한 기술이 필요한지도 모르겠다. 또는 특별한 암호가. 그렇게 생각했다. 이 장소가 나쁜 것은 절대 아니다, 이 장소에 발을 들여놓은 우리가 잘못이다. 밖이 완전히 어두워진 후에야 그렇다는 것을 깨달았다.

"반짝반짝 볼래?"

내가 제안했다. 파란색과 하얀색 빛이 반짝이는 그 가로수는 어찌됐든 아름답다. 건물 안에서만 너무 오래 어정거린 탓에 방향감각을 잃어서 가로수 길이 어느 쪽인지 가게 사람에게 물어야 했지만, 아무튼 반짝반짝 아래를 걸을 수는 있었다.

"그냥 보통 가게에 가볼까?"

이번에는 동생이 제안했다. 보통 가게란, 길가에 있는 가게를 뜻한다. 오후 5시.

"잠깐만. 나 담배 한 대 피우고. 그래야 쇼핑 모드로 전환될 것 같아."

과연 보통 가게가 아직은 열려 있었다.

저녁 8시. 우리는 다 들지 못할 정도로 많은 상자와 쇼핑백을 껴안고 밤길을 걸었다. 춥고 배고팠지만, 돈을 마음껏 쓴 후의 흥분에 젖어 신 나 있었다. 내게는 조그만 보통 가게 쪽이 알기 쉬워 좋다는 사실을 안 덕분에, 지혜를 얻은 듯한 기분도 들었다.

창문을 환하게 밝힌 중국집에 '간판이 유치하다'는 이유로 들어갔다. 가게 이름이 프랑스어인 점도 흥미로웠다. 프랑스나 외국 어디의 차이나타운에 있을 법한 실내 인테리어에, '본격적'이지 않은 느낌의 중화요리. 가슴이 두근거린다.

메뉴를 고를 때는, 나나 동생이나 주변 사람에게 절대 양보가 없기로 유명하다. 게다가 서로의 입맛을 속속들이 알고 있다. 적어도 나는 그렇다고 생각했다.

그런데.

이날 동생이 고른 메뉴는 모두 내가 예상치 못한 것들뿐이었다. 동생은 술을 거의 마시지 않는다. 나에 비하면 편식도 심하고, 입맛이 확고하다고 할까, 아무튼 보수적인 편이었다. 그래서 청채볶음이나 샤오룽바오小籠包, 새우와 샐러리볶음 같은 것을 주문할 줄 알았다. 해파리냉채나 양상추 볶음밥이나 완탕면 같은 것을.

"순대와 오징어볶음."

동생의 주문에, 나는 내 귀를 의심했다. 술도 마시지 않으면서 오징어볶음? 네가?

"이것도 맛있겠다."

그녀가 가리킨 것은 '열빙어튀김 상큼 볶음'이라는 것이었다. 튀긴 열빙어를 상큼하게 볶아?

그 순간, 알았다. 남자다. 동생에게 남자가 생겼고, 그 남자는 아마도 술을 마실 것이다. 아, 그렇구나, 그런 거였구나. 그래도 그렇지, 극단적인 변화네. 연정으로 인해 사람이 변하는 사태를 무척이나 좋아하는 나는, 기뻤다. 히죽거리지 않도록 조심했다.

쇼핑의 여운이 가시고 새로운 감흥─우리는 살아 있다!라는─이 샘솟아 기분 좋게 맥주를 마셨다. '열빙어튀김 상큼 볶음'은 아주 맛있었다.

대구

 대구라는 생선을 좋아해서, 추운 계절이면 자주 먹는다. 대구는 참 멋진 생선이라고 생각한다. 그 하얗고 아름다운 몸과 담백한 맛, 씹었을 때 섬유질을 따라 포르르 부서지는 듯한 감촉.

 대구는 점잖다. 촐랑촐랑 나서지 않고, 마음씨가 고우면서 사려 깊은 물고기같다. 몇 토막씩밖에 사지 않기 때문에 전체적인 구조는 모르지만, 토막 난 몸으로만 판단해도 살집이 무척 풍성할 것 같다. 잔뼈가 없어서 먹기도 쉽다. 자신의 몸을 아낌없이 내주는 관대한 생물이다. 순교자처럼 고결한 정신이 느껴진다.

 말린 대구도 맛있다. 가끔 가는 스페인 레스토랑 메뉴에 말린 대구 스크램블드에그가 있다. 하지만 나는 그냥 대구를 더 좋아한다. 맑은 탕으로 끓여 먹기도 하고, 튀기거나 감자와 함께 그라탱으로 만들어 먹기도 한다.

대구를 먹을 때면 한겨울의 어둡고 차가운 바다가 떠오른다. 그리고 그림 형제의 동화 『어부와 아내』가.

그 동화에 등장하는 물고기는 넙치니까, 이는 묘한 연상이 아닐 수 없다. 하지만 내게는 넙치가 아닌 대구야말로 그 이야기를 떠올리게 하는 물고기이다.

동화는 이런 내용이다. 어느 날, 어부가 넙치를 낚는다. 살려달라, 바다로 돌아가게 해달라는 넙치의 애원에 어부는 넙치를 풀어준다(그때 넙치의 입에서 피가 가늘게 흘러나온다). 집으로 돌아간 어부는 아내에게 그 얘기를 들려준다. 아내는 넙치의 소원을 들어주었으니, 넙치도 자신들의 소원을 들어주어야 한다고 말한다. 어부는 내키지 않았지만, 아내의 말을 거역하지 못하는 사람이라 시키는 대로 바다에 간다. 그리고 아담하고 예쁜 집이 있으면 좋겠다는 아내의 소원을 전한다. 넙치는 그 소원을 들어준다. 하지만 아내는 만족하지 않는다. 이번에는 궁전이 있으면 좋겠다, 임금이 되고 싶다, 황제가 되고 싶다고 한다. 넙치는 어부가 소원을 전할 때마다 들어준다. 그런데도 아내는 만족하지 못한다. 교황이 되고 싶다는 것도 모자라 끝내는 신이 되고 싶다고 바란다. 아내의 소원이 점점 커질 때마다 하늘은 조금씩 어두워지고 바다는 거칠어진다. 지금 내가 보고 있는 책(야가와 스미코 옮김, 모리스 센닥의 그림이 멋지다)에는 어부가 마지막 소원을 전하러 가는 장면이 이렇게 묘사되어 있다.

'서 있는 것조차 힘들 정도로 폭풍이 몰아치고 있다. 집과 나무들이 바람에 무너지고 부러지고, 산이 흔들리고, 바위가 데굴데굴 굴러 바다로 떨어진다. 하늘은 콜타르처럼 새까맣고, 천둥이 치고, 번개가 번쩍인다. 시커먼 바다는 교회 첨탑처럼 높이, 산더미처럼 일렁이고, 파도는 새하얗게 부서진다.'

어렸을 때, 나는 이 동화가 무서웠다. 부탁이야, 제발 그만해. 아내에게 그렇게 애원하고 싶었다. 다음에는 보나마나 넙치의 분노를 살 텐데, 하면서 조마조마해했다. 그런데 이 동화를 좋아했던 엄마는 넙치가 귀엽다느니 아내는 재미난 사람이라느니 깨우치듯 말하며 몇 번이나 읽어주었다. 게다가 엄마가 잘하는 요리 중 하나가 넙치소테였다. 넙치소테를 만들 때마다, 이거 봐, 넙치야, 『어부와 아내』에 나오는 그 넙치, 하고 말했다. 나는 그 말을 들으면 겁에 질렸다.

그런데 어른이 된 지금, 내게 그 동화를 떠올리게 하는 물고기는 넙치가 아닌 대구다. 넙치는 따뜻하고 평화로운 깊은 바다에서 느긋하게 지내고 있을 것 같다. 삐딱함이나 사려 깊은 마음과는 인연이 없는 물고기라는 느낌이다. 우라시마 타로[1]의 노랫말에서 잉어와 함께 춤을 추는 탓인지도 모르겠다.

물고기에는 각각의 이미지가 있다. 예를 들면, 내 느낌에 연어는 친절할 것 같다. 송어는 조금 칠칠치 못할 것 같고. 정어리는 느긋하고 명랑하고, 꼬치고기는 빈틈이 없고. 청어는 비관적이고, 넙치는 낙관적이고. 쑤기미는 신중할 것 같고, 도미는 심술궂을 것 같다. 참치는 순진하면서도 냉담한 면이 있을 것 같다. 전갱이는 성실하지만 다소 자기중심적이고, 쥐치는 자기애가 강하고.

그러고 보니 얼마 전에 읽은 이노우에 아레노 씨 소설에 흥미로운 묘사가 있었다. 주인공인 여자가 자기보다 젊은

[1] 일본의 용궁 신화.

여자(피트니스 클럽 강사)의 몸을 자신의 몸과 견주며 '그녀에 비하면 내 몸에는 여유로움이 있다'고 생각한다. 또 '그녀가 말린 청어라면 내 몸은 자연산 방어'라고. '말해두는데, 말린 청어 되기가 훨씬 쉽다. 자연산 방어를 유지하려면 지성이나 품위, 그런 것들이 필요하니까'.

묘하게 납득이 간다. 물론 이 글에서 '말린 청어'와 '자연산 방어'는 인간의 체형을 비유한 표현일 뿐, '쉽다' 여기거나 '지성이나 품위'를 필요로 하는 것은 인간이지 청어나 방어의 실제 성격을 비교한 것이 아니다. 물고기에게는 죄가 없다. 하지만 역시, 은연중에 비교하고 있다는 생각이 든다. '말린 청어'보다는 '자연산 방어'에게 역시 지성과 품위가 있을 것 같으니까. 절묘하군, 하고 생각한다(이 소설의 제목은 『어쩔 수 없는 물』입니다).

나는 물론, 대구가 되고 싶다.

정종을 따끈하게 데워 대구탕을 안주 삼아 먹으며 생각한다. 지성과 품위도 있어 보이고, 살이 똑똑 부서지는 점도 좋다.

파나 배추를 넣는 사람도 있지만, 나는 맑은 탕에는 채소를 넣지 않는다. 두부와 대구면 족하다. 단출한 탕이다.

그래도 현실을 사는 여자로서 잠시 주저한다. 대구 같은 체형의 여자는 어떤 여자일까. 역시 칭찬은 아닐 것 같다.

입춘 전날

입춘 전날에는 콩을 뿌린다.

콩을 뿌리는 것은 아이들 몫이었다. 입춘 전날 저녁때나 밤에, 나와 동생은 집 안을 돌아다니며 창문이란 창문마다 죄 콩을 뿌렸다. 화장실과 욕실 창문에도.

"복은 들어오고, 복은 들어오고."

여기까지는 작은 소리로 말한다. 읊조리면서, 집 안에 콩을 두 번 뿌린다. 그리고 서둘러 창문을 열고, "귀신은 나가고!"라 힘껏 외치며 허공에 콩을 뿌린다. 그리고는 얼른 창문을 닫는다.

얼른 창문을 닫는 것이 포인트다. 그러지 않으면 귀신이 들어올 수도 있기 때문이다.

나와 동생은 좋은 콤비였다. 콩을 뿌리는 역할과 창문을 여닫는 역할을 번갈아 맡았다. 콩은 공격이고, 창문은 방어. 우리의 상상 속에서 귀신은 언제나 주위에 몸을 숨기고 있다가 틈만 나면 집 안으로 들어오려 했다.

콩을 다 뿌린 우리가 올 한 해 동안 이 집은 안전하다고 선언하면, 아빠와 엄마는 기뻐해주었다.

그렇게 나와 동생이 마지막으로 함께 콩을 뿌린 것은 1994년 입춘 전날이었다. 그리고 이틀 후, 나는 결혼을 해 집을 떠났다.

아이가 있는 가정에서는 아이들이 콩 뿌리는 역할을 맡을지도 모르겠다. 하지만 우리 집에는 아이가 없기 때문에 나와 남편이 콩을 뿌릴 수밖에 없다.

콩 뿌리는 역할은 계속 내가 맡고 있다. 남편은 창문을 얼른 열었다 닫는 역할이다. 처음에는 너무 느리거나(그래서야 귀신이 들어오죠, 하고 나는 말했다), 아니면 너무 빨라 내가 던진 콩이 전부 유리창에 부딪쳐 떨어졌다(꽤나 높이 던지는군, 하고 남편은 말했다). 하지만 지금은 요령이 많이 늘었다.

물론 해마다 참 쑥스럽다. 아이 목소리가 밤하늘에 울리면 그나마 귀여울 텐데, 어른 여자 목소리다. 그것도 술과 담배에 쉬고 거칠어진 목소리. 이웃들이 얼마나 언짢아할지.

먹어야 하는 콩의 숫자도 문제다. 볶은 콩이 딱히 맛있다고는 생각지 않아서 많이 먹을 마음은 없다. 자기 나이만큼 먹어야 하다니, 도저히 무리다. 스무 살을 넘길 무렵부터 해마다 그런 생각을 했다. 하지만 작년과 올해의 나이 차는 언제나 한 살, 콩도 딱 한 알이다. 작년에는 다 먹었는데, 딱 한 알 늘어난 올해에는 다 먹지 못한다는 것이 과연 가능한 일일까, 하고 생각하고 만다. 지난 10여 년 동안은 며칠에 걸쳐, 매일 아침 약이라 여기고 먹고 있다(남편이 마시는 커피에도 간식처럼 곁들인다).

만약 여든 살까지 산다면 여든 알을 먹을 것인가, 하고 누가 물으면 먹지 않겠다고 대답할 것이다. 세상 사람 모두가 정말 자기 나이만큼 먹는다고 생각하느냐고 물어도, 그렇지 않다고 대답할 것이다. 내가 자란 집에서도 아이들만 그랬지(그러라고 부모님이 권했다), 어른들은 그러지 않았다.

그렇다면, 모두들 언제 그만두었을까.

내가 모르는 것이 바로 그 부분이다. 그리고 내 문제는 무슨 일이든 그만둘 때를 모른다는 것이다. 콩을 뿌리는 일도,

비눗방울을 날리고 그림을 그리는 놀이도, 이제 더는 기회가 없을지 모르는 연애도.

참 싫증을 안 내네, 사람들은 그렇게 말한다. 비눗방울을 날리거나 그림을 그릴 때. 하지만 나는 싫증을 내지 않는 것이 아니라 익숙해지지 못하는 것이다.

그래서 면허가 있는데도 차를 운전하지 못하는 것이라고 생각한다. 운전을 하면서(이하 모두 옛일입니다. 그 후로 두 번 다시 하지 않았어요. 그러니 걱정도 잔소리도 하지 마세요) 속도가 느리다는 것을 알기 때문에 이러다 추월당하겠지, 하고 생각한다. 계속 생각하고 있는데, 실제로 추월을 당하면 깜짝 놀랐다. 트럭 같은 차가 옆으로 휙 지나가면 한층 더 놀라서, 굉음과 진동의 충격에서 헤어나기 위해 깜빡이를 켜고 길 한편에 차를 세운 채 1~2분 정도 마음을 가다듬어야 했다. 경적 소리에도 놀라고, 지나가는 오토바이에도 놀란다. 오토바이가 내 차를 무사히 앞질러 가면 무사했다는 것에 또 놀란다. 신호는 파랑에서 노랑으로, 노랑에서 바로 빨강으로 바뀌어도 놀라지 않는다. 그런데 신호가 바뀔 것이라 예상하고 속도를 줄였는데 파랑에서 움직이지 않으면 놀라고, 내가 놀라면 시동이 꺼지고, 시동이

꺼지면 나는 또다시 놀란다.

  그런 일은 경험이 쌓이면 일일이 놀라지 않고도 할 수 있다고들 하지만, 그렇지 않은 인간도 있다. 나로서는 꽤나 끈질기게 도전했고, 장롱면허 교습이란 것도 두 번(교습을 두 번 받았다는 뜻이 아니라, 열 몇 번인지 스물 몇 번인지 하는 교습을 서로 다른 시기에 꼬박 두 차례)이나 받았다. 그런데도 전혀 달라지지 않았다. 시동을 걸고서 시동이 걸리면 신이 나 깜짝 놀랐고, 브레이크를 밟았는데 브레이크가 걸리면 또 신이 나 감동했다. 익숙해지지 못하는 것은 성격이다.

  나는 올해도 콩을 뿌린다. 나이 수만큼 콩을 먹을 수 있을지 없을지는 모르겠다. 하지만 시도해보려고 한다. 올해 나이 수만큼 시도해보는 것은 처음이니까.

  콩을 뿌리면 콩이 방 안 여기저기로 흩어진다. 모르고 밟았다가 부서지면 치우기도 힘드니까 뿌리자마자 다시 주워 모으는데, 다 치웠다 싶은데도 해마다 어딘가에 숨어 있다. 쌓여 있는 책 틈이나 소파 다리 뒤에.

  그런 콩이 몇 달이 지나 불현듯 모습을 나타내면 또 깜짝 놀란다. 하지만 그것은 살짝 재미난 놀람이다.

프라이팬과 계란 프라이

 생선초밥집 카운터 자리에서, 옆에 앉은 두 여자가 프라이팬 얘기를 하고 있었다. 남의 얘기를 엿들을 마음이 없어도, 생선초밥집은 대개 비좁고 조용해 들리고 만다. 40대 중반이나 후반 정도의 고상한 여자들이었다. 둘 다 일을 해서 수입이 있고, 가정도 반듯하게 꾸려갈 듯한 분위기였다. 주문하는 태도에서도 여유가 느껴졌다.
 "새로 사면 되잖아, 프라이팬이 그렇게 비싼 것도 아니고."
 한 여자가 말한다.
 "그건 그런데."
 다른 한 여자가 대답한다.
 "난 심심찮게 새로 사는데. 좋은 거 하나 가르쳐줄게. 프라이팬은, 팬케이크가 깔끔하게 구워지지 않으면 수명이 다한 거야."

"그래, 그건 그런데."

애기는 좀 더 오래 계속되었지만, 한쪽은 몇 번이나 새로 사라고 권하고, 다른 한쪽은 몇 번이나 '그건 그런데' 하며 똑같은 말만 되풀이했다.

"이제 알았어요!"

나는 하마터면 그렇게 끼어들 뻔했다.

"알았어요! 난 그걸 프라이팬 문제라고 하죠."

테플론으로 코팅한 제품이 주류를 이룬 후로, 프라이팬은 새것일수록 요리가 깔끔하게 잘된다. 기본적으로는 그렇다. 눌어붙지 않기 때문에 계란 프라이를 할 때 노른자가 터질 염려도 별로 없다(새로 사라고 권한 여자의 팬케이크가 내게는 계란 프라이쯤 될 것 같다. 터뜨리지 않고 예쁘게 익히고 싶으니까). 하지만 그런 한편, 손에 익지 않은 프라이팬은 사용하기가 어렵다. 깊이와 두께, 무게와 크기, 특징 따위의 이런저런 것들을 숙지하는 데 시간이 걸리기 때문이다. 숙지했다 싶을 때면 이미 코팅에 생채기가 나 있기 십상이지만, 그렇다고 손에 익은 조리 도구를 버리기란

쉽지 않다. 낡은 프라이팬도 버릴 수 없고, 새 프라이팬의 깔끔함(눌어붙지 않고 씻기도 쉬운)도 버릴 수 없다. 게다가 테플론 코팅이 안 된 프라이팬도 때로는 필요하다. 굳이 무쇠 프라이팬을 꺼내지 않아도 되는 가벼운 튀김 요리나 양이 넉넉한 고기 요리를 만들기 위해서.

그러다 보면, 프라이팬이 부엌 선반에 층층이 쌓이는 사태가 발생한다. 하나둘, 소리 없이. 난감하기도 하고 조금 무섭기도 하다. 날마다 사용하는 프라이팬은 두 개 정도면 충분하니까, 사용되지 못하는 프라이팬들의 불만이 날로 커져갈 듯해서다.

그래서 생선초밥집에서 두 여자의 얘기를 들었을 때 내가 느낀 것은 안도였다. 프라이팬 문제를 안고 있는 사람이 나만은 아니라는 안도. 또한 여자들 대부분이 테플론으로 코팅된 프라이팬에 애증을 품고 있을 것이라고 거의 확신했다. 물론 두 여자는 그렇게 말하지 않았다. 하지만 '팬케이크'라는 말과 '그건 그런데'라는 말은 충분히 그런 상황을 대변하고 있었다. 망설임, 그리고 단념하기 위한 딱 부러지는 이유.

얼마 전까지만 해도 프라이팬이라면 어느 가정에서나 오

랜 세월 두고두고 쓴 탓에 까맣게 그은 것이 보통이었다. 아무리 씻고 닦아도 완벽하게 깨끗해지지 않고, 그렇기에 낼 수 있는 맛이 있었다. 그 증거(?)로, 부엌을 무대로 한 간자와 도시코 씨의 명작 동화 『프라이팬 할아버지』에서도 프라이팬은 할아버지다. 초등학교 도서관에서 그 책을 읽고는, 프라이팬이 할아버지라는 점에(그 외에 아줌마와 어린아이로 등장하는 조리 도구도 있다) 깊이깊이 고개를 끄덕거렸다.

테플론 코팅의 경우 새것을 소년이라고 치면 기능면에서는 청년이 소년에 미치지 못하고, 중년이 되어 쓸모없어지면 버려야 한다는 얘기가 된다(어디까지나 비유입니다).

나는 편애하는 계란 프라이에 대해 생각하고 만다. 어렸을 때, 거뭇거뭇하고 묵직한 프라이팬에 기름을 둘러 계란 프라이를 멋지게 구웠었다. 노릇노릇한 테두리는 프릴이나 레이스처럼 물결치고, 흰자는 올록볼록해도 노른자는 적당히 익은 계란 프라이. 접시에 옮길 때면 노른자가 터지지 않을까 조마조마했는데, 아무리 조마조마해도 옮길 수밖에 없었다.

계란 프라이는 테플론 코팅이 안 된 프라이팬으로 굽는 편이 단연 맛있다. 그런데도 나는 테플론 코팅 프라이팬으로 굽고 만다. 뿐만 아니라, 생선초밥집에서 한 여자가 팬케이크를 예로 든 것처럼, 새것으로 대체하기 위한(이랄까, 새것 투입. 오래되었다고 버리지는 못하니까) 잣대로 삼기도 한다. 눌어붙지 않는다는 기능에 한번 길들고 나면, 계란 프라이의 노른자를 터뜨리는 행위가 견디기 힘들어진다. 신종 프라이팬에 기대다 보니, 나는 게으름뱅이가 되고 말았다(기대는 것을 싫어하는 여자가 있을까요?).

그런데 계란 프라이를 '눈알구이目玉燒き'라고 처음 부른 사람은 누구일까. 대담하네, 하고 생각한다. 눈알구이. 정말 끔찍한 일본말이다. 영어로는 서니 사이드 업sunny side up이라는 아름다운 이름이고, 스페인어로는 우에보 프리토다. 사전을 찾아보니 우에보는 계란, 프리토는 '튀긴다, 기름에 굽는다'는 뜻이었다. 일본 말고 계란 프라이를 눈알구이라 부르는 나라가 과연 있을까.

맥주도 토마토도 좋아하는 내가 레드 아이라는 칵테일을 마시지 않는 것은 이름이 섬뜩해서다. 그런데 눈알구이라는 단어에는 거부감이 들지 않는다. 일본 사람이라는 징표라 해야 할지도 모르겠다. 아니, 아마도 나는 눈알구이라는 말을 알기 전부터 이미 눈알구이를 먹고 있었을 것이다.

밝은 비

 아침에 머리를 감다가 오른쪽 귀에 물이 들어갔다. 욕실에서 나온 후에도 물은 거기 계속 머물러 있었다. 머리를 오른쪽으로 기울이고 깨금발로 깡충깡충 뛰어도, 손바닥으로 귀를 톡톡 쳐봐도 나오지 않았다.
 참을 수 없을 정도는 아니었지만 찜찜했다. 개처럼 머리를 흔들어보고, 면봉으로 후벼보기도 했다. 하지만 물은 여전히 거기에 있었다. 다만 시간이 흐르면서 점점 자신감이―좀 이상한 표현이지만, 달리 뭐라 말해야 좋을지 모르겠다―사라졌다. 내가 찜찜하다고 생각하는 탓 아닐까. 물이 그렇게 오래 귓속에 머물러 있을 수 있을까. 나도 모르는 사이에 밖으로 나왔든지 증발해버리지 않았을까. 지금 내가 느끼는 찜찜함이랄까 거부감은 여운 또는 잔향일 뿐, 요는 나의 착각일지도 모른다.

그래서 귀에 들어간 물은 잊기로 하고 일을 시작했다. 쪼르륵, 따뜻한 물이 오른쪽 귀를 적신 것은 그로부터 3시간이 좀 지났을 때였다. 망각에 성공했던 탓에 깜짝 놀랐지만, 물론 금방 기억이 떠올라, 아 다행이다, 나왔네, 하고 생각했다. 귀는 나보다 더 기뻐하는 듯했다. 원래대로 시원하게 돌아가서.

그 순간 뇌리에 아주 많은 것들이 떠올랐다. 너무 많은 것이 한꺼번에 뒤죽박죽 떠오른 탓에 쓰던 원고에서 한참이나 의식이 멀어졌을 정도였다.

모두 여름의 기억이었고, 순서 없이 마구 뒤섞여 밀려왔다. 지금은 2월이고, 오늘은 추위도 한결 심해 음울하게 내리는 비가 언제든 진눈깨비로 변할 듯한데.

초등학교 수영장이 떠올랐다. 풀 사이드에 찍힌 내 발자국과 선생님이 부는 호루라기 소리와 아이들이 참방거릴 때마다 튀어 오르는 물방울이. 엎드려 물을 말릴 때 배에 전해지는 콘크리트의 따스함과 조금씩 높이가 다른, 숫자가 적힌 다이빙대가. 겨우 5학년인데 평영을(25미터 레인을 무려 40번이나 왕복!) 할 줄 알았을뿐더러, 수영을 하면서 성원에 답해 뭐라고 외쳤던('이까짓 거 문제없어' 그런 말이었을 거다) 남자아이가 있었다는 것까지 떠올랐다.

그리고 할아버지 할머니가 사셨던 시즈오카 미호의 솔밭이 있는 해안이. 그곳에 가면 할아버지 할머니가 언제나 만들어주셨던 된장 어묵과 바닷물에서 나왔을 때 깨끗하던 발이 해변을 걸으면 다시 모래가 묻어 진짜 싫었던 것. 할아버지를 무척이나 따랐던 원숭이와 양철 담에 반사되는 햇살과 마당에 대야를 내놓고 등목을 했던 일도 줄줄이(겹쳐?) 떠올랐다.

어딘지 분명하지 않은 이곳저곳의 바다도. 천에 녹물이 들어 있던 양산과 싸구려 스티로폼 컵에 담겨 있던 빙수도. 빙수는, 옛날부터 바다에서는 레몬 빙수밖에 먹지 않았기 때문에 항상 노란색이었다. 바다에서 먹는 레몬 빙수는 온몸에 찌르르 스미고, 맛있었다.

또 노스캐롤라이나라는 이름의 캐러멜과 차멀미도 떠올랐다. 그 기억은 아주 먼 옛날, 건너편 집에서 자가용—당시에는 그렇게 불렀다. 우리 집에 차가 없었기 때문에 내게는 신기했다. 그 집 아버지가 새털을 원뿔 모양으로 묶은 듯한 도구로 차에서 먼지를 털어내던 모습을 기억한다―으로 멀리 있는 수영장에 데려갔을 때의 일이다. 시설이 새것인 데다 긴 미끄럼틀인지 파도 풀인지 그런 것 때문에 인기가 있었지만, 그때는 사람이 너무 많았고, 차멀미에다 엄마 아빠까지 없어 너무 불안했던 나는, 그날 물에 들어가지 못했다.

그런 이런저런 일들이, 지금 쓰고 있는 글만큼의 질서조차 없이 거의 한덩어리처럼 뒤얽혀, 더위와 빛과 냄새와 소리까지 고스란히 되살아났다. 쪼르륵, 귀에서 물이 나온 그 순간에.

대체 왜일까. 그런 장소에서, 그렇게 자주 귀에 물이 들어갔던 것일까. 아무리 어리바리했어도 그럴 리는 없을 것이다. 그냥 누워서 떠 있거나, 물에 뜬 상태에서 발차기를 할 줄밖에 몰랐(고, 지금도 그렇다)지만, 물에 들어가는 것은 좋아했다. 물에 대해서는 지금보다 훨씬 용감해서, 물속에서도 태연하게 눈을 뜨고 있었다(기보다 눈을 감고 있는 쪽이 더 무서웠다, 그 무렵에는 늘. 그래서 치과에 가서도 눈을 뜨고 있었다. 의사의 안경에 비친 내 입속과 거기서 진행되는 치료 과정을 빤히 쳐다보고 있었다). 그러니까 어쩌면 귀에 물이 들어가는 것 정도는 재밌는 일쯤으로 여겼을지도 모르겠다.

아무튼 기억의 생생함에 망연해진 나는 일을 멈추고 부엌으로 내려갔다. 배가 고팠던 것이다. 수영을 하고 난 후처럼. 보통 때는 목욕을 한 후에 과일을 한껏 먹는 것이 아침 겸 점심이고, 그 후로는 밤이 될 때까지 아무것도 먹지 않는데.

나는 우동을 만들어 먹었다. 사실은 유부 우동을 먹고 싶었는데, 유부가 없어 파와 계란 우동이 되었다. 그러고도 쓰다 만 소설로 돌아가지 못해 이 글을 써본다.

밖은 이미 어둡고, 여전히 춥고, 비가 내리고 있다. 비가 진눈깨비로 변할 듯하다.

7시에 신주쿠에서 친구 생일 파티가 있는데 벌써 6시 5분, 지금부터 준비를 할 테니, 아마 1시간은 지각할 것 같다. 하지만 오늘은 여름으로, 그것도 아주 먼 여름으로 불쑥 다녀왔으니 어쩔 수 없다고 생각하기로 한다.

방랑하는 웨이터

마음속으로 은밀하게 '방랑하는 웨이터'라 명명한 사람이 있다.

그와 처음 만난 것은 아주 오래전, 장소는 시부야의 어느 이탈리안 레스토랑이었다. 그 무렵, 당시 사귀던 남자와 그곳에 자주 갔다. 버터를 듬뿍 바른 바게트에 달콤한 소스를 뿌린 따뜻한 푸아그라를 얹어 먹는, 이럼 살찌지 싶은 일을 하는 것이 즐거웠다. 우리는 아주 많이 먹는 연인이었고, 나는 그게 자랑스러웠다. 그 남자를 만나기 전까지는 소식했던 나이기에 아무도 그때 얘기를 믿어주지 않는다. 과일과 채소, 그리고 과자는 많이 먹었지만, 동물성(버터 빼고) 음식은 조금만 먹어도 고통스러웠다. 어린애였다고 생각한다. 남자를 따라 변화하는 자신이 놀랍고 기뻐 어쩔 줄 몰랐다.

어느 날 그 레스토랑에 갔더니 새 얼굴이 있었다. 호리호리한 체형에 단정한 생김새, 그리고 검은 테 안경을 낀 웨이터였다.

"저."

우리가 주문을 끝내자, 그 웨이터가 퉁명스러운 목소리로 말했다.

"양이 너무 많지 않을까요."

내 옆에 있던 남자가 어떻게 생각했는지는 모른다. 하지만 나는 그때, 자랑스러움과 환희로 가슴이 벅차올랐다. '이 사람이 이런 말을 하네!' 사귀는 남자의 얼굴을 보면서 눈짓으로 그렇게 전했던 것 같다.

괜찮으니까 가져오라고 한 쪽이 나였는지 그 남자였는지는 이미 기억나지 않는다. 하지만 물론 그 밤, 우리는 주문한 요리를 싹 해치웠다.

"저 웨이터 괜찮은데."

그리고 서로 그렇게 말했다. 퉁명스러운 웨이터는 철저하게 퉁명스러웠다. 언제 가도 늘. 나도 젊었지만, 그는 더

젊었다. 마치 학생처럼 보였다.

　마침내 내 열렬했던 사랑은 끝이 나고, 그 레스토랑에도 더는 가지 않게 되었다.

　몇 년이나 몇 년이나 세월이 흘렀다.

　어느 때, 시모기타자와에 있는 프렌치 비스트로에 갔다. 빨간 2층짜리 건물이었다. 프랑스 사람이 주인이라나 지배인이라나, 뭐 그랬다. 그곳에 데리고 간 사람은 당시 시모기타자와에 살았던 츠지 히토나리 씨였다. 나 외에 편집자와 디자이너와 음악 관계자 등 많은 사람이 함께였다. 무슨 모임이었는지는 기억나지 않는다. 아무튼 우리는 이미 저녁 식사를 끝낸 후였고, 술과 안줏거리를 찾아 그 가게에 들어갔다. 2층, 다락방 같은 곳으로 안내를 받았다. 세월의 흐름이 느껴지는 아주 세련된 목조건물이었다. 머릿수가 많아서 아마 그 방을 점령하는 형태였을 것이다. 우리는 몇 테이블에 나누어 앉았다.

　"에쿠니 씨!"

　츠지 씨 옆에 서서 주문을 받던 웨이터가 갑자기 내 이름을 불렀다. 날씬하고 아름다운 남자였지만 아는 사람 같지는 않아서, 나는 왜 내 이름을 부르는지 몰라 멍해지고 말았다. 다른 사람들도 무슨 일이지? 하는 표정으로 나를 보았다.

"저, 전에 시부야에 있는……."

가게 이름을 듣고도 몇 초가 지나서야 간신히 생각났다. 어머, 와, 환성을 지르고, 오랜만이네요, 잘 있었어요, 하고 인사말을 나눴다.

기억해내고 보니 같은 사람의 얼굴이었다. 하얀 피부하며, 검은 테 안경하며. 하지만 이제 그는 전혀 퉁명스럽지 않았다.

"이 가게에 뜨거운 퐁당 쇼콜라가 있어요."

아주 오래전에 나눴던 얘기를 기억하는지 웃는 얼굴로 그렇게 권해 깜짝 놀랐다. 와인 지식도 풍부하고 세련된 비스트로에 잘 어울리는 성숙한 웨이터로 변해 있었다.

그 비스트로가 마음에 든 나는 몇 주 후에 다시 가보았다. 그런데 그가 없기에 물어보니 그만두었다고 했다. 원래가 임시직이었단다.

또 몇 년이 흐르고 흘렀다.

어느 때, 히로오에 있는 이탈리안 레스토랑에 갔는데, 나를 맞은 웨이터가 바로 그였다. 나는 정말 놀랐는데 그는 놀라지 않았다. 예약 명단에서 이름을 봤기 때문에 온다는 것을 미리 알고 있었단다. 역시 검은 테 안경을 끼고 있었지만 머리는 거의 빡빡머리처럼 짧았다. 이제 고참이 되었는지, 홀에서 다른 웨이터에게 지시도 내렸다. 당시 나는 그 레스토랑에 간혹 갔던 터라 이상하다 싶어 물어보았다.

"언제부터 여기서 일하는 거예요?"

"2주 전입니다. 하지만 옛날에도 여기서 일한 적 있어요."

나는 웃고 말았다. 그 옛날이 대체 언제 적이야, 왜 그렇게 이리저리 전전하는 건데, 그래도 용케 잘 마주치네, 그런 생각이 들었기 때문이다. 우리는 조금 더 얘기를 나눴다. 그는 그 레스토랑에서도 임시직이고, 그 후 어디서 일할지는 정하지 않았다고 했다. 올해는 프랑스에서 월드컵이 열리니까 프랑스에 갈 계획이라면서(그러니 아마 프랑스 월드컵이 있던 해였던 것 같다).

"아시는 분이에요?"

일행이 묻기에, 나는 오래전부터 아는 사람이라고 대답했다. 그의 이름도 모르면서. 그리고 이렇게 설명했다.

"저 사람, 방랑하는 웨이터야."

그 후로는 그를 만나지 못했다. 마지막으로 만났던 히로

오의 레스토랑은 '이 피제리'였는데, 그 '이 피제리'도 이미 없다. 하지만 나는 지금도 처음 가는 레스토랑에 들어설 때면 때로 그가 불쑥 나타나주지 않을까 은근히 기대한다.

천국의 맛

  남편과 슈퍼마켓에 장을 보러 갔다가 돌아와 봉지에 든 것들을 꺼내는데, 컵라면 하나가 나왔다.
  "이거 뭐야?"
  평소 먹지 않는 것이라 물어보았다.
  "너무 오래 쳐다보고 있길래, 먹고 싶은가 해서 카트에 넣었지."
  남편의 대답이 그랬다. 나는, 내가 그랬나? 하고 생각했다. 컵라면을 먹고 싶어 한 기억은 없었지만, 부엌에서 그걸 물끄러미 바라보고 있자니 이유를 알 것 같았다. 나는 언어에 충격을 받으면 그 자리에서 꼼짝 못하는 버릇이 있다. 바로 얼마 전에도 편의점에서 생수를 집어 들었다가 병에 감긴 띠에 쓰인 '몸에 촉촉한 알칼리 천연수'라는 글귀에 눈길이 사로잡히고 말았다. 몸에 촉촉한 천연수? 마셨는데 촉촉하다고? 어떻게든 이해해보려고 열심히 머리를 굴리다 "냉장고 문 닫으세요." 하고 점원에게 핀잔을 듣고 말았다.

그 얼마 전에는 약국에서 '발 모양 양말'이라는 것을 보고 몸이 굳어버려, 동행이 "갖고 싶어?"라고 물은 적도 있다. 말이 나왔으니 말인데, '발 모양 양말'은 발목 부분이 처음부터 발에 잘 맞게 직각으로 굽어 있는 양말이다. 나는 그걸 이해하느라 한참 걸렸는데, 세상 사람들은 순식간에 이해할 수 있는 것일까.

다시 원래 얘기로 돌아가자. 컵라면. 거기에 이해할 수 없는 말이 쓰어 있는 것은 아니었다. 다만 '천국의 맛'이란 말이 쓰여 있을 뿐이었다. 그런데도 나는 충격을 받고 말았다. 천국? 정말?

컵라면을 경시할 마음은 조금도 없다. 편리하고, 가게에서 먹는 라면과는 또 다른 맛이 있다는 것도 물론 안다. 닛신의 컵누들이 처음 등장했을 때 초등학생이었던 나는 곧바로 사달라고 졸랐다. 그러고는 기껏 뜨거운 물만 부으면 언제 어디서든 먹을 수 있는 획기적인 음식을 집 안에서 먹는 건 의미가 없다고 고집을 피워, 보온병에 뜨거운 물을 담아 근처 공터로 가서 설레는 가슴으로 혼자 먹었다. 정말 맛있었다. 그 후 카레 맛 컵누들이 나왔을 때도 곧장 사 먹었다. 역시 보온병에 뜨거운 물을 담아 공터로 가서. 그때는 동네 친구와 함께였다. 역시 맛있었다. 아마도 계란이었을 텐데, 동실거리는 동그랗고 노란 것을 아껴 먹었던 것도 기억한다.

하지만.

천국이라니. 정말?

나는 그때 슈퍼마켓 통로에서, 천국이라는 단어가 지닌 온갖 이미지를 떠올리며 눈앞에 있는 컵라면과 어떻게든 연관 지으려 노력했다. 왜 그래야 하는지, 의아해하는 사람도 있을지 모르겠다. 왜 그러는지는, 나도 모른다. 하지만 도저히 그러지 않고는 못 배긴다. 아마도 언어로 내용물을 이해하고, 언어가 제대로 기능하는지 확인하고 싶어서일 것이다.

몇 분이 걸렸는지는 모르지만, 곰곰 생각하다 내 나름의 이해에 도달했다. 그것은 '이는 아마 천국이라는 단어가 지닌 어떤 유의 허풍, 차라리 불가능함(무릉도원적인 의미에서)과 편리하고 현실적인 컵라면의 엉뚱한 조합을 통해 구매자들을 웃기려는 유머일 것이다'로, 그렇게 이해하고나서야 만족스러운 기분으로 그 자리를 떠날 수 있었다.

내 뒤에서 걷던 남편이 카트를 밀고 있었기 때문에, 그런 내 모습을 보고서 먹고 싶은가 보다고 판단, 먹고 싶으면 사면 되지, 하고 입으로 말하는 대신 한 개를 집어 카트에 넣은 것이다.

"고마워."

나는 그렇게 말했다. 슈퍼마켓에서 비슷한 종류의 상품과 함께 통로 하나를 다 차지할 만큼 산더미처럼 쌓인 채 팔릴 때는 잘 몰랐는데, 이렇게 달랑 한 개만 놓고 보니 모습이 참 가련한 컵라면이었다.

우선 요즘 주류인 사발형이 아니라 위아래로 길쭉한, 그 옛날의 컵누들과 똑같은 모양의 용기인 점이 좋다. 으스대지 않는다. 게다가 『기이치의 색칠하기』가 연상되는, 어딘지 모르게 고풍스러운 파란색 잉크로 인쇄된 '완탕면'이라는 글자도 좋았다. 더구나 그 옆에 쓰인 글귀는 '천국의 맛'.

바라보면 바라볼수록 가련했다.

한동안 그것을 선반에 올려놓고 바라보았다. 어린아이 장난감처럼 디자인이 소박해서, 아무리 보아도 질리지 않았다. 몇 주쯤 지났을 때 내게 '천국'은, 완탕면으로 직결되는 단어가 되어 있었다.

다만 그런 상태에서 먹으려면 용기가 필요하다. 거룩하기까지 한 '천국'의 이미지가 머릿속에서 확대된 탓에 현실의 맛은 절대 그에 미치지 못할 테니까.

때문에 먹을 결심을 굳히지 못하고 있는데, 어느 날 남편이 똑같은 것을 다섯 개나 사 왔다. 천국의 완탕면을 다섯 개나!

"아까워서 못 먹는 것 같길래."

남편은 다섯 개나 산 이유를 그렇게 말했다. 나는 고맙기도 하고 난감하기도 한, 어느 쪽도 아닌 기분이 들었다. 그리고 먹어보았다.

맑은 국물 맛하며, 가늘고 길쭉한 면하며, 매끈거리는 완탕하며, 정말 맛있었다. 맑게 갠 겨울날 점심에 딱 어울리겠다고 생각했다. 언어의 힘이란 가공할 것이어서, 그야말로 천국의 맛이 났다.

뉴욕, 폭설과 도넛

 뉴욕에 와 있다. 도착한 날은 진눈깨비 섞인 비가 오락가락했고, 그다음 날은 비는 갰지만 바람이 세고 첫날보다 기온이 내려갔다. 셋째 날은 다시 진눈깨비가 흩날렸다. 해가 나든 안 나든 매일매일 몹시 추웠다.

 어제는 폭설이 내렸다. 그저께 밤 잠자리에 들 때는 내리지 않았는데, 이른 아침 눈을 떠보니 온 세상에서 소리가 싹 사라지고 창밖의 모든 것이 이미 두꺼운 눈에 덮여 있었다. 그런데도 가루눈이 쉬지 않고, 마치 하늘과 땅 사이의 공간을 모두 메우려는 듯 부슬부슬 내리고 있었다.

 하루의 첫 일과인 목욕을 하느라 두 시간쯤 지났을 무렵에는 눈송이 하나하나가 조금씩 커져 있었고—아니면 주위가 환해져 그렇게 보였을 뿐일까―창문으로 건너편 빌딩 옥상―테라스가 있는 펜트하우스인 것 같다―에서 새까만 개가 눈 위를 뒹굴며 노는 모습이 보였다.

나는 친구와 만나기로 약속한 상태였다. 약속 장소를 다시 한 번 확인하기 위해 받은 편지, 라기보다 메모에 가까운 팩스를 보니 그곳까지는 배를 타고 가는 것 같았다. 날씨가 날씨인 만큼 걱정스러워 프런트에 전화를 걸어보았더니, 유치원과 초등학교는 휴교(나는 그런 곳에는 가지 않는다, 고 반사적으로 생각했다)했고 비행기도 결항이 많지만, 배는 현재 운항 예정이라고 알려주었다. 그래서 나설 채비를 하고, 하도 껴입은 탓에 뒤뚱거리며 택시를 탔다.

그 친구는 10년 만에 만나는 것이었다. 만나게 되어 반가운 한편, 믿기지 않는 기분도 있었다. 10년 전에 만났을 때도, 십 몇 년 만의 재회였다. 그러니까 실질적으로는―잘못된 표현이죠. 하지만 친하게 지내던 시절부터 헤아리면―20여 년 만이다.

택시에서 내려 쌓인 눈을 뽀득뽀득 밟으며 선착장에 갔는데, 배는 결항이었다.

아, 하고 생각했다. 아, 큰일이네, 하고. 배가 뜨지 않으면 약속 장소에 갈 수 없다. 내가 갈 수 없다면 그녀도 이쪽으로 올 수 없다. 한참이나 망연히 있다가, 공중전화를 찾으면 된다는 것을 깨달았다. 나는 전화가 없지만 그녀는 휴대전화가 있으니까. 그래서 또 눈을 밟고, 또 밟으며 걸었다.

공중전화는 좀처럼 나타나지 않았다. 아니 그 이전에 좀처럼 앞으로 나아갈 수가 없어 부츠와 호텔에서 빌린 묵직한 우산(나중에 알고 보니 우산 위에 눈이 덕지덕지 붙어 있었다)을 내던지고 싶은 심정이 되었을 때, 그것이 눈에 들어왔다. 그것이란, 공중전화가 아닌 스타벅스.

나는 지금까지 단 한 번도 스타벅스라는 커피숍에 들어가 본 적이 없다. 자랑이 아니다. 들어가기가 왠지 부끄럽다는 것이 그 이유인데, 부끄러우니까 가까이 가지 않겠다고 주위에 공언하기도 했다. 금연인 데다 플레이버flavor다 토핑이다, 뭐가 뭔지 모를 것을 묻는 모양이다.

그런데.

쉼 없이 내리는 눈 속에서, 나는 그 초록색 가게를 물끄러미 바라보았다. 가게는 길 건너에 있고, 내 바로 앞에 횡단보도가 쭉 뻗어 있었다. 마치 『오즈의 마법사』에 등장하는 노란 벽돌 길처럼.

나는 부끄러움에 연연할 때가 아니라고 판단했다. 너무 춥고, 목욕을 끝낸 뒤 물만 마시고 나온 탓에 커피를 꼭 마시고 싶었다. 지금까지 한 번도 들어가지 않았던 것을 생각하니 약이 올랐지만 주위는 살풍경한 오피스 빌딩가, 이런 시간에 연 가게는 없을 것 같았다.

들어가 보니 그곳은 상상했던 대로 밝고, 상상했던 대로 따뜻했다. 부끄러울 것은 하나도 없는 보통 카페였다. 커피의 구수한 향으로 가득한. 나는 코트 단추를 풀고, 줄을 선 두세 명의 손님 뒤에 섰다. 바깥은 속눈썹이 얼어붙을 정도로 추운데, 가게 사람들은 모두 반팔 폴로셔츠를 입고 허리에는 반듯하게 앞치마를 두르고서, 웃는 얼굴로 활기차게 일하고 있었다. 나는 유리 케이스 안에 든 도넛을 발견했다. 도넛! 젖은 부츠 속에서 발가락은 곱아 있고, 갑작스러운 온도 변화에 코와 두 볼이 빨개진 이런 때, 커피와 도넛보다 더 어울리는 것이 있을까.

나는 입구 근처에 있는 테이블에 앉아 뜨거운 커피를 마시며 도넛을 먹었다. 밖에는 눈보라가 몰아치는데 그곳은 따뜻하고, 도넛은 달콤하고 바삭하고 맛있었다. 좋은 곳이네, 스타벅스, 그렇게 생각했다.

도넛을 먹고 있자니, 많은 생각이 떠올랐다. 과거, 딱 1년간 미국의 시골 학교에서 유학했을 때 일이다. 무슨 일이 있을 때마다, 뭐라 뭐라고 하는 도넛을 먹었다. 친하게 지내는 여자아이들과 나 사이에서는 늘 그랬다. 조촐한 파티, 시험공부, 드라이브, 비밀 얘기, 뭘 할 때든 도넛이 빠지지 않았다. 당시 던킨 도넛에는 1달러 99센트(아마)에 열두 개를 살 수 있는 불가사의한 시스템이 있었는데, 다 먹지 못할 거라고 생각하면서도 일단 사고 보면 결국에는 하나도 남지 않았다.

그런 기억을 더듬다 몸이 따스해지고 마음도 진정되자 겨우, 공중전화를 찾느니 호텔로 돌아가 전화하는 편이 빠르고 확실하다는 생각이 들었다. 그래서 호텔로 돌아갔는데, 놀랍게도 호텔 로비에서 그 친구가 기다리고 있었다.

"배가 안 다니는데 어떻게 왔어?"

서로 반가움의 환성을 지르고서 석연치 않아 물어보았더니, 친구는 오히려 이상하다는 표정을 지으며 이렇게 말했다.

"내가 사는 곳이 맨해튼이잖아."

그러고는 갑자기 웃음을 터뜨리며, 사태를 파악하지 못

하는 건 여전하다, 그런데도 행동에 나서는 걸 보면 재미나고 대단하다, 고 말했다. 원고 매수 관계로, 그다음 얘기는 다음 회에 계속해야겠다.

뉴욕, 돼지 코

　친구의 설명에 따르면, 어제 내가 타려던 배는 리버티 섬으로 가는 배였고, 리버티 섬에는 말 안 해도 다 아는 자유의 여신상이 있다. 그녀는 나와 거기서 재회하면 재미있겠다고 생각했단다. 아주 오래전, 그야말로 우리가 도넛만 줄기차게 먹던 무렵, 사소한 트러블(별거 아닙니다. 유학생들—나는 일본에서 그녀는 이탈리아에서 온—에게 흔히 있는 유의, 지금은 그저 우스갯거리인)이 있었던, 이른바 '기념할 만한 장소'라서, 라고 그녀는 말했다.
　"넌 거기에 어떻게 갈 생각이었는데?"
　물어보자, 같은 배로, 하고 태연하게 대답한다. 나는 정말 놀랐다. 같은 배로? 그럼 선착장에서 만나면 되잖아? 그렇게 말해놓고 나 역시 웃고 말았다.

별나다고 생각했기 때문이다. 20여 년 전에도 똑같은 생각을 자주 했다. 이 사람 좀 별나네, 하고. 차림새도 남자 같은데, 그게 참 잘 어울렸다. 토론을 좋아해서 교수가 하는 말에 늘 토를 달았다. 웃기도 잘하지만, 울 때는 격렬하게 울었다.

그런데 눈앞에 있는 그녀는 이제 남자 같은 옷은 입고 있지 않았다. 멋들어진 사모님으로 보였다. 하지만 윤곽이 뚜렷한 얼굴과 널찍한 어깨는 옛날 그대로였다.

눈보라가 몰아치는 길을 지나, 우리는 지하철을 타고 할렘으로 갔다. 그리고 분위기가 차분하고 유서도 깊어 보이는 레스토랑에서 점심으로 프라이드치킨과 와플을 맛나게 먹었다.

외국에서 오랜 지인을 만나는 것은 정말 즐거운 일이다. 하지만 동시에, 만나지 못한 사이 새로이 생겨난 생활이 가공의 이야기처럼 멀게 느껴져 당황스럽다. 내가 이미 스무 살이 아니라는 사실이 믿기지 않는다는 따위의 소리를 하면 뻔뻔하다고 혼날 테지만.

여기까지가 어제의 스토리.

오늘은 종일 구름이 무겁게 껴 있었다. 오전에는 목욕을 하고, 오후에는 내내 방에서 일을 했다.

그런데 이곳에 도착하던 날, 나는 이상한 것을 사고 말았다. 이상한 것이란 위스키, 그것도 스카치. 미국에 왔는데 웬 스카치? 하고 나 자신도 생각한다. 물론 술을 좋아하긴 하지만, 레스토랑이나 바에서 마시면 충분한 정도고, 호텔 비품인 미니어처 술병에는 손도 댄 적 없다. 그런데도 떡하니 한 병을 사고 말았다.

장소는 놀리타nolita. 해가 질 무렵이었고, 가게 불빛이 사뭇 따스해 보였기 때문인지도 모르겠다. 최근에 문을 연 듯한 현대 미술관을 보려고 걷다가, 미술관과 같은 거리에 있는 그 술 가게에 나도 모르게 들어가고 말았다. 술 가게라기보다 와인 가게라고 해야 맞을지도 모르겠다. 세련된 외관에, 입구는 좁지만 안쪽으로 깊숙한 가게였다. 일상적으로 마시는 와인부터 가격표가 붙어 있지 않은—살짝 손대기도 겁나는—빈티지 와인까지, 갖가지 와인이 온 벽과 바닥에, 선반과 나무 상자에 진열되어 있었다. 와인에 대해서는 잘 모르지만, 병의 색깔과 모양, 그리고 라벨 디자인을 보는 것은 좋아한다. 팔려 간 곳에서 그 병이 놓일 테이블과 와인이 따라질 잔, 요리와 방의 모습까지 상상하고 만다. 어패류 파스타겠지, 마당에서 바비큐를 즐기면서 마실지도 모르지, 요리 없이 그냥 치즈나 스낵과 함께 먹을 수도 있을 거야, 텔레비전을 보면서 마실지도 모르겠네, 침실에서 마시려나. 상상이 한없이 부푸는 쪽은 단연 값이 싼 와인이다. 값비싼 와인은 고급 레스토랑의 풍경과 요리밖에 떠오르지 않기 때문이다.

외국 술―럼이나 정종―의 종류도 다양했다. 위스키도. 특히 위스키는 벽이 네모나게 움푹 들어간, 그래서 마치 조용한 방 같은 공간의 세 벽면에 설치된 선반에 천장까지 꽉 차게 진열되어 있었다. 그 모습이 아름다워서, 마치 도서관 책꽂이 앞에 선 것처럼 가슴이 설렜다. 그리고 바로 거기에 그 스카치가 있었던 것이다. 일본에 수입되어 있는지는 모르겠지만, 처음 보는 위스키였다. 이름은 PIG'S NOSE. 돼지 코. 그 라벨에 내 눈길이 고정되고 말았다. 약간 어두운 듯하면서도 시크한 엷은 분홍색(그야말로 돼지의 피부색이 연상되는) 바탕에 검은 선으로 그려진 리얼한 돼지 그림이었다. 돼지 측면을 그린 것으로, 앞쪽 라벨에 몸통 중간까지 그려져 있고, 엉덩이와 뒷다리가 뒤에 붙은 라벨로 이어지는, 더할 나위 없이 세련된 디자인이었다. 돼지 그림 또한 아름다웠다. 자신이 한 마리 멋진 돼지라는 것에 자부심을 가지고 서 있는 모습과 표정이었다. 쫑긋 세운 귀, 위로 향한 큼지막한 코, 웃고 있는 것처럼 보이는 의지에 찬 입가, 사려 깊은 눈매.

  병목에 붙은 조그만 라벨에는 빨간 글자로 AGED 5 YEARS라고, 5가 강조된 글씨체로 쓰여 있었다. 그 숫자는 위스키가 살아온 햇수라는 것을 아는데도, 오, 이 돼지가 다섯 살이란 말이지, 하고 감동했다. 돼지 그림 밑에는 역시 빨간 글자로 PIG'S NOSE라고 쓰여 있고, 바로 밑에는 조그맣고 까만 글자로 '이 위스키는 돼지의 코만큼이나 부드럽고 매끄럽다'고 쓰여 있었다. 돼지의 코만큼 부드럽고 매끄럽다고! 마셔보고 싶다, 가 아니라 그렇다면 마셔야겠다고 생각했다. 그리고 그렇게 생각했을 때는 이미 계산대 앞에 서 있었다. 술병이 아니라 아기 돼지라도 안고 있는 것처럼 소중하게 병을 껴안고서.

  그래서 지금 이 방에는 그것이 있다. 액체는 비행기에 반입이 안 되니 돌아가기 전에 다 마시고 빈 병을 들고 갈 생각이다. 위스키는 과연 매끄럽고 부드러운 맛이었다. 매일 밤, 자기 전에 한두 잔씩 마시고 있다. 그러나 여행 기간은 고작 일주일, 다 마실 수 있을지 걱정스럽다. 아무튼 지금은 밖에 나가 저녁을 먹고, 내일모레 돌아갑니다.

미역귀 데침

 봄이 오면 개를 산책시키는 데 시간이 걸린다. 우리 개가 보도 틈새나 가로수 밑동에 돋은 잡초란 잡초는 죄다 열광적으로 탐식하기 때문이다. 위생적이지 못하고, 먹어도 되는 잡초와 그렇지 않은 잡초를 구별할 수 있긴 한 건지 불안하니 먹지 못하게 해야 하는지도 모르지만, 개는 전심전력으로 먹고 싶다고 호소하고, 다른 계절에도 잡초는 있는데 먹지 않는 걸 보면 함부로 무턱대고 먹는 것은 아닌가 보다 싶어 결국은 그냥 놔둔다.

 물론 봄의 채소는 맛있다. 이파리가 모두 파릇파릇, 야들야들하고, 완두콩도, 껍질째 먹는 완두도 달다. '햇'이란 접두어가 붙는 햇감자나 햇양파는 알은 굵지 않아도 식감이 싱그럽다. 게다가 봄에만 그 맛을 만끽할 수 있는 채소도 갖가지로 많다.

머위(아, 머위! 나는 그 채소를 야만적이리만큼 좋아한다. 엄마가 살아 계실 때, 나를 '머위 귀신'이라 불렀을 만큼. 맛있는 머위를 상상하면 지금도 눈앞이 어질어질해지고 만다), 땅두릅나물, 죽순, 두릅순, 그리고 향기로운 뿌리가 단단히 붙어 있는 미나리.

이 시기에는 그런 채소들을 미친 듯이 먹으며 지낸다. 씻어서 그냥 먹기도 하고, 데치거나 삶거나 튀겨서. 그러니 개라고 해서 갓 돋아 부드럽고 흙냄새 나는 파릇파릇한 잡초를 먹는 기쁨을 빼앗을 수는 없다. 물론 집에서도 개에게 날채소와 삶은 채소를 먹인다. 하지만 길바닥에 돋은 잡초를 반갑다는 듯 뜯어 먹는 개―오물거리는 동안 황홀한 표정을 짓는다―를 보면, 가게에서 사는 채소에는 없는 들의 맛과 향이 잡초에 있는가 보다고 생각지 않을 수 없다.

나나 개나 봄의 채소에는 맥을 못 추는 것이다.

오늘은 미역귀를 먹었다(개가 아닙니다).

미역귀는 모양이 꽃 같다고 할까, 꽃 모양 목욕 스펀지같은 모양이다. 원래는 칙칙한 갈색인데, 뜨거운 물을 부으면 점차 선명한 초록색이 된다.

내가 미역귀의 변색을 안 것은 불과 몇 년 전이다. 뜨거운 물을 붓는 순간을, 친구 집 부엌에서 우연히 목격했다.

"뭐야, 그거?"

나는 눈을 동그랗게 뜨고 물었다. 하지만 친구의 기억은 전혀 다른 듯하다. "눈은 동그랗게 떴는지 몰라도, 그다음에 한 말은 '뭐야 그거?'가 아니라 '다시 한 번 해봐'였어."라는데, 누구 기억이 옳든, 뜨거운 물을 붓는 순간 색을 바꾸는 그 물체에 나는 큰 감명을 받았다.

그 후 봄이 되어 가게에 미역귀가 등장하면 반가움에 얼른 산다. 신선한 해초는 맛도 물론 좋지만, 그보다는 뜨거운 물이 닿으면 투명한 초록색으로 변신하는, 눈이 반짝 뜨일 만큼 놀라운 그 순간을 만끽하고 싶어서다.

내가 알기 전부터 미역귀는 분명히 가게에 존재했을 텐데, 그걸 본 기억도, 저게 뭘까 궁금해한 적도 없다는 사실이 신기하다. 사람이란 관심 없는 것은 보지 못하는지도 모르겠다. 생선 매장에서 눈을 크게 뜨고 유리 케이스 안에 진열된 상품을 물색할 때조차도.

나는 가장 커다란 스테인리스 볼에 너무 자란 목이버섯

같은 형상의 갈색 덩어리 하나를 넣고, 주전자로 팔팔 끓인 뜨거운 물을 부었다. 넘칠 정도로 찰랑찰랑하게. 미역귀는 쓱 색깔을 바꾸면서, 뜨거운 물속에서 약간 부푼다. 긴장을 푸는 것처럼. 나는 바다에도 봄이 온 것을 목격한 듯한 기분을 느낀다. 그리고 옛날에, 우리 집 연례행사 중 하나였던 '새해 글쓰기'에서 동생이 썼던, '하루노우미봄바다'란 글자까지 떠올린다. '하루는 하루코의 하루도 되니까 마침맞다'는 이유로 아버지가 고른 글귀였다. 힘찬 필체로 쓰인 그 글자는 족자가 되어 한동안 문틀에 걸려 있었다.

미역귀를 썰면 도마에 투명하고 미끈미끈한 것이 묻는다. 그 투명하고 미끈미끈한 것 역시 말차 가루라도 뿌린 것 같은 초록색으로, 부엌 불빛을 받아 예쁘게 빛났다.

오늘은 간장만 살짝 뿌려 먹었다. 다시마와 함께 밥에 얹어 먹기도 하고, 식초에 무치기도 하고, 땅두릅나물과 함께 볶아 정종과 참기름으로 양념해서 먹기도 한다. 미역귀는 내가 어른이 된 후에 안 새로운 재료라서, 사실은 어떻게 먹어야 좋은지 아직 잘 모른다.

미역귀도 그렇지만, 내가 자란 집에서는 전반적으로 해

초를 잘 먹지 않았다. 아버지가 싫어했기 때문이다. 예외는 잔생선을 조릴 때 쓰는 다시마와 구운 김, 미역뿐이었는데, 미역도 죽순과 함께 조린 경우에나 먹었지 그 외에는 먹지 않았다.

'싫어했다'는, 어쩌면 옳지 않은 표현일지도 모르겠다. 싫고 좋고를 떠나 아버지는 해초를 먹거리라고 인식하지 않았다. 연회장에서 커다란 접시에 담겨 나오는 음식을 꾸미는 학이나 거북 모양 채소, 에디블 플라워edible flower라 불리는 장식용 꽃, 동그랗게 잘라 핑거볼에 띄우는 레몬 조각 정도로 보지 않았을까 생각한다. 색깔을 입히고 꾸미는 것이지 아무튼 자신과는 상관없는 것으로.

나 역시 해초를 무의식중에 그렇게 보고 있었으리라.

그런데 지금은 신이 나서 미역귀를 뜨거운 물에 살짝 데친다.

해초는 참으로 가슴 설레는 먹거리다. 생미역은 그 싱그러움에 가슴이 설레고, 정말 맛있는 큰실말 초무침은 겨울 숲을 연상케 하는 그 불온한 모습 때문에 또 가슴이 설렌다. 날김의 선명함과 강렬함은 애처로운 느낌이 들어 가슴 설레고, 바다포도는 아름다워서 가슴 설렌다. 이름은 잘 모르겠는데, 하얀색과 보라색이 섞인 해초는 입술에 닿았을 때의 젤라틴 같은 감촉에 가슴 설렌다.
  설렘은 왠지 봄과 어울리는 것 같다.

흰 빵과 검은 빵

『그리니치빌리지의 청춘A Freewheelin's Time: A memoir of Greenwich Village in the Sixties』을 읽었다. 저자인 수지 로톨로Suze Rotolo는 과거 밥 딜런의 연인이었던 여자로(밥 딜런의 두 번째 앨범 〈프리윌링 밥 딜런〉의 재킷은 딜런과 팔짱을 끼고 걷는 두 사람의 사진이 장식하고 있다. 일본에서도 꽤 유명한 앨범 재킷인 듯하다), 이 책에도 그와 지낸 나날과 일화가 몇 편 실려 있다. 하지만 그것과는 무관하게 한 여자의 매력적인 자서전(이 책에 그려진 시대는 소녀 시절부터 20대 후반까지. 그 후 그녀가 어떻게 되었는지, 꼭 그 다음을 읽고 싶다), 또는 회상록으로서 상당히 재미있었다.

하지만 지금 내가 쓰려는 글은 수지나 밥 딜런에 대해서가 아니고, 60년대에 대해서는 더더욱 아니다. 흰 빵과 검은 빵이다.

흰 빵과 검은 빵.

그 책에 이런 글귀가 있었기 때문이다(정치에 관심이 많았던 스물한 살의 저자가 미국이 도항 금지를 결정한 직후 쿠바를 여행했을 때의 이야기입니다).

'체 게바라와 농업계획부 장관은 국민 건강에 좋지 않다는 것을 알면서도 흰쌀을 공급하는 이유를 이렇게 설명했다. '흰 밀가루, 흰쌀, 흰 빵은 풍요의 상징이라 빈곤과 연결되는 갈색 밀가루나 쌀로 교체하기에는 심리적 의미에서 타이밍이 좋지 않았다. 고뇌 끝에 내린 결단이었다'고.'

이 나라의 체제는 그렇게 자국민의 건강까지 생각하면서 출발했나, 하고 감동했는데, 그다음 글은 이렇게 이어진다.

'게다가 쿠바 사람들이 몹시 그리워하는 코카콜라의 복제품을 만들려 한다는 얘기도 들었다.'

코카콜라? 별로 건강에 좋지 않을 것 같은데 괜찮은 건가, 콜라는 기호품이니까 얘기가 다른 건가, 하고 고개를 갸웃거리면서도 왠지 흐뭇했다. 그들 발상의 대범함과 진지함, 여유로움과 강함에 감격했다.

하지만 사회주의국가에 산 적이 없는 나는, 역시 무슨 색 빵(이든 쌀이든)을 먹든, 그 정도는 개인이 취향에 따라 결정해도 좋지 않을까, 하고 생각하고 만다. 경제력에 따라 다양하게 선택할 수 있는 게 재미나지 않을까, 하고. 그렇게 생각하는 순간 절로 『알프스 소녀 하이디』가 떠올랐다. 나는 요한나 슈피리가 100년도 더 전에 쓴 그 풍요롭고 귀한 이야기를 무척 좋아하는데, 이 책 속에서 '흰 빵'은 특별한 것이다.

어느 정도 특별한가 하면, 하이디가 평소에 먹는 검은 빵은 검은 빵이 아니라 그냥 '빵'이라고 표기되고, 그 '빵'보다 부드러운 빵만 '흰 빵'으로 표기된다(혹시 번역에 따라 다를지도 모르겠는데, 내가 가진 이와나미 소년문고판, 다케야마 미치오가 옮긴 것에는 그렇게 되어 있고, 나는 이 번역본을 명역이라고 생각한다). 더구나 간혹 테이블에 등장하는 '흰 빵'을 하이디가 먹는 장면은 한 번도 없어서(걱정스러울 정도로 마음씨가 고운 하이디는 아는 할머니에게 드리기 위해 흰 빵이 나오면 먹지 않고 간직한다), 독자로서는 어떤 맛인지 상상이 가지 않는다.

한편 보통 빵은 적극적으로 묘사되는데, 치즈나 말린 고기와 함께 먹는 그 빵이 아주 맛있겠다고 생각되는 것으로 보아, 그보다 더 각별하다는 흰 빵의 맛은 어떨지 호기심이 인다.

그러니 '흰 빵 먹어보고 싶어, 흰 빵 사줘' 하고 엄마에게 매달렸다가, '네가 늘 먹는 빵이 흰 빵이야'라는 매정한 소리를 들은 경험이 내게만 있지는 않으리라고 생각한다. 하지만 몇 번을 들어도 수긍할 수 없었다. 내 머릿속에 흰 빵의 이미지가 멋대로 자리 잡고 있었기 때문이다. 『브레멘 음악대』나 『성냥팔이 소녀』 같은 다른 나라 동화에서 맛나는 음식을 먹는 장면에 꼭 등장하는 '포도주'가, 내가 어른이 되고 마신 어느 와인과도 달랐던 것과 마찬가지리라.

그런데 바게트와 크루아상은 예외지만(이 두 가지는 빵이라는 포괄적인 개념에서 제외해야 할 특별한 존재라고 생각한다), 나는 평소 흰 빵보다 검은 빵을 좋아한다. 처음 검은 빵을 먹은 게 언제였는지는 기억나지 않아도, 중학생 때는 이미 검은 빵파(아버지가 명명)였고, 생일이나 축하할 일이 있을 때나 먹고 싶은 게 있으면 말하라고 할 때면 검은 빵이라고 대답해, 부모님이 종종 독일 음식점에 데려가 주었다. 검은 빵과 풋콩으로 만든 수프가, 당시의 내게는 황홀할 정도로 맛있는 최고의 식사였다.

까끌까끌한 느낌과 곡물 자체의 풍미, 빵에 따라 다른 씹을 때의 질감과 소박한 맛이 좋았다. 검은 빵에는 버터를 듬뿍 발라 먹었다. 또는 세미하드 치즈를.

나는 보통 기내식은 잘 먹지 않는다. 앉아만 있기 때문에 배가 고프지 않은 탓도 있지만, 가는 곳이 어디든 비행기에서 내려 처음 먹는 음식을 충분히 음미하고픈 욕망이 강하기 때문이다. 하지만 독일이나 스위스, 오스트리아나 북유럽에서 단거리 비행을 할 때면(국내선이 아니어도, 두세 시간 안에 목적지에 도착하는 비행기를 탔을 때) 꼭 먹는다. 짧은 비행이라서 식사 대용으로 제공되는 기내식 대부분이 검은 빵과 치즈, 그리고 신선한 채소와 과일이다. 기내식으로 나오는 얇게 저민 두 장짜리 검은 빵은 대개 진공 처리한 대량생산품이지만, 일본에서 먹는 그것과는 확실히 다르다. 그야말로 본고장의 맛이 난다. 고급 레스토랑에서 먹는 검은 빵보다 진공 팩에 담긴 빵이 오히려 맛나다는 것이 흥미롭다. 이렇게 원료나 기술 수출입이 왕성해졌어도 흉내 낼 수 없는 것이 있구나 싶어서.

체 게바라와 농업계획부 장관이 염려한 것은 국민의 건

강보다 정신과 자긍심이었는지도 모르겠다. 요한나 슈피리가 쓰고 싶었던 것 역시 흰 빵의 특별함이 아니라 평소에 먹는 빵의 맛과 그 빵에 대한 자긍심이지 않았을까.

여행의 여운

 여행에서 돌아온 지 한참이나 지났는데, 아직도 귀에 맴도는 말이 두 가지 있다. 하나는 '먹다 남은 아스파라거스'. 뉴욕에서 나는 택시를 자주 이용했는데, 거의 모든 택시에 텔레비전이 있고, 언제 타든 같은 프로그램(이랄까, 긴 광고)이 흘렀다.

 그 광고는 이렇게 시작된다. 뉴스 진행자 차림을 한 갈색 피부의 여자가 스튜디오에서 말한다. '지금 택시를 타고 쇼핑하러 가시는 길인가요? 자택 부엌에서 쇼핑해보신 적 있습니까?' 이어 화면이 한 가정의 부엌으로 바뀌고, 40대 정도 된 백인 여자가 부엌칼로 뭔가를 총총 썰고 있다. 그 장면에 처음 여자의 목소리가 겹쳐진다. '누군가 부엌에 찾아와, 당신 가족 전원의 2주 치 식사를 만들어드립니다'(정말 SOMEBODY라고 말한다). '아만다(이때 그 백인 여자의 이름이 아만다라는 것을 불쑥 알게 된다)는 지금 4인 가족의 식사를 만들고 있습니다'(치즈를 올린 햄버그스테이크가 자글자글 구워지는 장면), '그녀가 먹다 남은 아스파라거스를 발견했습니다! 둘째 날에는 냉동고에 방치된 치킨을 발견했고, 상자에 담겨 있던 향신료를 사용해서……'(타닥타닥 닥치는 대로 선반과 서랍을 열어 쓸 만한 재료가 있는지 찾는 아만다의 영상. 선반 깊숙한 곳에서 쓰다 남은 파스타 봉지와 정체를 알 수 없는 가루가 담긴 봉지, 향신료류가 발견된다), '자, 마지막 날에는 도전입니다! 그러나 걱정 마세요(어 피스 오브 케이크), 말 그대로니까요'(말라비틀어진 빵으로 케이크를 만드는 모습). 광고는 마지막으로 4인 가족(부모와 아들딸)이 테라스에 놓인 테이블에서 아만다가 만든 요리와 케이크를 먹으면서 끝난다.

뭐라 말할 수 없이 전체적으로 다 놀라웠다. 낯선 사람이 부엌에 찾아온다는 것만도 끔찍한데, 그렇게 온갖 데를 다 뒤져대면 부엌 주인이 견디기 힘들지 않을까, 하고 생각한다. 배달이나 출장 서비스와 달리, 그 집에 있는 재료를 사용해 음식을 만드는 것이 그 '쇼핑'의 포인트인 듯하지만, 먹다 남은 아스파라거스나 냉동고에 방치된 치킨이 없는 집이라면 어떡할까. 유통기한은 문제 되지 않나. 이 광고를 보고 아만다를 집으로 부르고 싶어 하는 사람이 얼마나 있을까. 의문이 끊이지 않았다.

내 귀에 그 말―먹다 남은 아스파라거스―이 유난히 또렷하게 각인된 이유는 순전히 내레이터 여자의 목소리 연기(정말 멋진 것을 발견했다는 듯이 '시, 파운드 레프트오버 아스파라거스!' 하고 들뜬 목소리로 말한다) 때문이다. 냉장고 야채 칸에 파릇파릇한 아스파라거스가, 그야말로 아무렇게나 한 아름 들어 있는 영상의 리얼함과 함께 묘한 인상을 남긴 것이다.

우습게도 내가 그 말을 떠올리는 것은 요리를 할 때만이 아니다. 냉장고를 열 때나 칼질을 할 때 떠올리는 것은 자연(?)스럽달까, 상황에 걸맞다 할 수 있지만, 옷을 갈아입을 때나 벽장을 열 때도 '그녀가 먹다 남은 아스파라거스를 발견했습니다!' 하는 목소리가 불현듯 되살아난다. 내 안에서 연다는 동작과 아스파라거스가 연결되어버린 모양이다. 벽장 안이나 신발장 속에 그 채소가 들어 있을 것 같아 무섭다.

다른 하나 역시 택시 안에서 들은 광고 문구다. 그런데 그것은 말이라기보다 노래였다.

턱시도 차림의 뚱뚱한 남자 사회자가 파티장인 듯한 곳의 로비에서 마이크를 손에 들고 기다리고 있다. 문이 열리고 사람들이 줄줄이 들어온다. "케니 로저스!" 사람들 사이를 헤치고 가면서 사회자가 외친다. "아 유 케니 로저스?" 질문을 받은 남자(케니 로저스처럼 수염을 기르고 있다)가 돌아본다. 퀴즈 프로그램에서 오답을 말했을 때처럼 '부' 하는 벨이 울리고, × 표시와 함께 '케니 로저스가 아니었습니다.'라는 자막이 화면 아래쪽에 뜬다. "케니 로저스! 헤이, 케니!" 또 부. 이번에는 화려한 차림새의 뚱뚱한 여자에게 외친다. "레이디 가가! 아 유 레이디 가가?" 또 부 소리가 울리고, ×와 함께 자막이 뜬다.

그런 광고가 도대체 뭐가 재밌는지는 몰라도, 그 사회자가 사회를 맡은 프로그램의 선전이라는 것은 알 수 있었다. 마지막으로 그는 그곳에 있는 사람 중 아무나 붙잡아 반주에 맞춰 함께 노래하자고 한다. 쇼 프로그램의 테마송인 듯하다. 문외한도 쉬 기억할 듯한 멜로디에 오늘 밤은 멋진 밤이 되겠죠, 라는 뜻의 가사를 들은 그대로 쓰면, '투나잇 고너 비 어 굿 굿나잇'이다.

  본의 아니게 노래하게 된 문외한(아마도) 중에는 노래를 잘하는 사람도 물론 있지만 끔찍하게 서툰 사람도 있고, 서툰 사람의 노래 쪽이 압도적으로 귀에 남았다. 지금도 흥얼거릴 수 있다. 술에 취한 것인지, 다소 외설스럽게 허리를 흔들며 음정도 박자도 엉터리로 부른 흑인 남자의 영상을 떠올리면서, 투나잇 고너 비 어 굿 굿나잇, 하고 유쾌하게.

  아스파라거스가 되었든 그 노래가 되었든, 기억하고 싶지 않은데 기억하고 있는 것을 보면 효과적인 광고인지도 모르겠다. 만약 내가 미국에 산다 해도, 나는 아마 아만다를 부르지 않을 것이고, 그 사회자가 나오는 쇼 프로그램도 보지 않을 테지만.

에잇

 나도 모르게 다시 읽고 손질해야 할 교정지가 쌓이고 말았다. 전부 여섯 개. 그중 하나는 작년에 연재가 끝난 장편소설인데, 좀 더 덧붙여 쓸 계획이라 아마도(아니, 절대로) 시간이 걸릴 것이다.
 어쩌다 이렇게 되었을까 생각하면서, 어제저녁 남편과 함께 개까지 데리고 벚꽃을 보러 드라이브에 나선—우리가 얼굴을 마주하는 것은 주말뿐이라, 다음 주가 되면 꽃이 다 떨어질지 모른다는 핑계로—자신을 새삼스레 반성해봐야 소용없는 일이다. 교정지는 한번 왔다 하면 여기저기서 한꺼번에 밀려 들어오고, 한번 탈고한 원고와 다시 마주하려면 결심이 필요하고, 나는 결심을 하는 데 시간이 걸리므로.

교정지만 그런 게 아니다. 하면 할 수 있는 일인데, 그리고 대부분의 경우 그리 어렵지 않은 일인데, 에잇, 하고 마음먹지 않고서는 할 수 없는 일이 갖가지로 많다.

예를 들면 용건이 있어 전화를 거는 것도 그렇고, 전화를 받았으니까 이번에는 내 쪽에서 걸어야 하는 행위도 그렇다. 걸어야 하는데, 걸어야 하는데, 하면서도 좀처럼 걸지 못한다. 상대가 누구든 마찬가지다. 좀 껄끄럽다 싶은 사람이든, 소중한 사람이든.

우편물을 뜯어보는 것도 그렇다. 뜯어보는 것이 무서워 알게 모르게 쌓이고 만다. 대체 뭐가 나올까 봐 무서운 건지는 나도 모른다. 냉장고 정리를 무서워하는 것과 비슷한 심리인지도 모르겠다.

태만하기 때문이라고 하면 그뿐일지 모르지만, 귀찮아서가 아니라 그냥 무섭다. 과장이 아니다.

교정지는 내가 쓴 것 또는 얘기한 것(인터뷰나 대담을 정리한 원고의 경우)이니까 어떤 내용인지 알고 있다. 그런데도 무서운 까닭은, 내가 아는 것과 다르거나 다르게 쓰인 내용을 발견하고 싶지 않아서일 것이다. 완성도에 관한 나의 오해나 역부족, 혹은 인터뷰와 대담을 정리해준 사람과의 어긋남을.

내 경험상 '에잇'에는 두 가지 특징이 있다.

1. 에잇은 심술꾸러기다.
2. 일단 스위치가 들어오면 멈출 수 없는 경우가 많다.

멈출 수 없게 되면, 반드시 걸어야 하는 전화를 모두 걸고 난 후에도 그렇지, 거는 김에 그 사람에게도 걸지 뭐, 하면서 걸지 않아도 좋을 전화까지 걸고, 냉장고 안을 깔끔하게 치운 후에도 어차피 정리하는 거, 하면서 신발 정리에 신발장 선반까지 전부 닦고 싶어 한다. 하면 할수록 그 기세를 몰아 더 하고 싶어지는 것이다.

단, 교정지의 경우는 그렇지만도 않다. 더 읽고 싶어지는 일은 없고, 교정지가 좀 더 왔으면 좋겠다고 바라는 일도 절대 없다.

그러니까 나는 1의 특징에서 효과를 본다. 가령 이렇게. 해야 하는데, 해야 하는데, 하고 생각하면 에잇은 좀처럼 찾아오지 않는다. 하지만 정작 다른 일을 하려고 들면, 에잇이 이때다 하고 찾아온다. 심술꾸러기라서.

그래서 오늘 저녁에는 찜 요리를 했다. 소고기 덩어리를 채소와 함께 하염없이 찐다. 양념은 월계수 잎과 콩소메 큐

브 한 개. 품은 들지 않지만 시간이 걸리는 이런 작업이, 에잇을 잡는 데 효과적이다. 나는 지금 교정지를 읽고 싶지 않고 요리를 하고 싶다는 '척'을 하면 된다. 그러면, 그러고 있을 때가 아니잖아? 하고 에잇이 말한다. 찜 요리에 아무리 품이 들지 않는다 한들 채소를 썰고 다듬어야 하고, 국물에서 거품도 떠내야 하고, 각각의 채소가 너무 익어 무르지 않도록 시간을 조절해가며 넣어야 하기(경우에 따라서는 일단 꺼내기도 하고) 때문에, 가스레인지 옆을 떠날 수 없다. 내가 그렇게 대답하면, 에잇은 당황해서 분기탱천한다.

나는 식당 의자를 부엌으로 끌고 들어와, 요리하는 틈틈이 교정지를 읽었다. 어디까지나 틈새를 이용하는 게 포인트다. '에잇'은 자기가 중심이 되면 불타올라 주지 않기 때문이다. 토막 시간을 이용하는 쪽이 단연 효과적이다.

그러다 보니 온 부엌이 소고기와 월계수의 좋은 냄새로 가득해졌다.

덧쓸 생각이었던 장편소설은 애당초 무리였지만, 그 덕에 나머지 교정지 다섯 개를 전부 다 볼 수 있었다(내친김에 우편물도 다 뜯어보았다). 찜 요리도 맛있게 완성돼서, 500그램이 조금 넘는 소고기를 남편과 둘이 뚝딱 해치웠다. 짝짝짝.

　물론 에세이를 쓸 때도 '에잇'은 필요하다. 하지만 집필에 관한 그것은 전화나 청소, 교정지를 볼 때와는 성질이 다르다. 한번 불이 붙었다 하면 멈추지 못하는 일이 없는 점은 교정지 때와 비슷하지만(아마 스위치가 없는 '에잇'인가 보다. 스위치가 없기 때문에 더욱, 몇 번이든 '에잇'을 외쳐야 한다), 안타깝게도 쓰기 위한 '에잇'은 토막 난 시간은 거들떠보지도 않는다. 그래서 '척' 따위도 통하지 않는다. 통하기는커녕, 다른 일을 하는 '척'할라치면, 뒤도 돌아보지 않고 도망간 채 당분간 돌아오지 않는다.

　그렇게 오전 시간이 다 지나고, 오후가 되고 말았다. 매주 매주 왜 이런 사태가 벌어지고 마는지 생각하고, 어제저녁 무슨 바람이 불어 그렇게 시간이 걸리는 찜 요리를 했는지 지금 와서 반성해보지만 소용없는 일이다. 에세이는 무섭고, 무서운 일과 마주하려면 결심이 필요하고, 나는 결심을 하려면 시간이 걸린다.

　에잇.

기차 여행과 세멸 도시락

 나고야에 갈 일이 생겨서 편집자와 함께 신칸센을 타고 당일치기 여행길에 올랐다. 날씨는 빛나듯 화창하고, 창가 자리는 눈이 부시고 살짝 더웠다. 떠나는 시간이 마침 점심때고, 도착하면 바로 예정된 일거리(대담)가 있어서 도시락 또는 그에 해당하는 먹을거리는 각자 준비해 오기로 했다.

 지난 몇 년 동안 기차를 탈 때면 늘 세멸 도시락을 준비했다. 그래서 그날도, 도중에 역 건물에서 세멸 도시락(대)을 샀다. 세멸은 맛있다. 숟가락으로 푹 떠 먹으니까, 큰 도시락(15cm×10cm 정도)을 사도 집중해서 먹다 보면 금방 없어진다. 하지만 기차 안에서는 천천히 먹는다. 집중해서 먹지 않도록 주의하면서, 드문드문 숟가락을 입으로 가

져간다. 캐러멜이나 초콜릿을 먹는 것 같은 느낌으로. 세멸 도시락의 좋은 점은 녹차와 아주 잘 어울린다는 것이다. 놀러 가려고 기차를 탔을 때는 맥주를 마시지만, 사람들 앞에 나서는 일을 하러 떠난 여행길에서는 차를 마신다. 세멸 도시락은 어느 쪽에나 잘 어울린다.

"어머, 오늘은 슈마이가 아니네요."

갖가지 먹을거리가 조금씩 담긴 예쁜 도시락을 열던 편집자 히로마 씨가 말했다. 히로마 씨는 내 두 번째 책인 『향기로운 날들』을 쓰게 한 후로 벌써 20년 넘게 함께 일하고 함께 노는 사람이다.

"그러네. 같이 기차 여행 하는 거 오랜만이니까."

나는 말했다.

"요즘은 언제나 이 도시락인데. 아, 맛있다."

나는 세멸 밥을 한 숟가락 떠서 입에 넣는다.

아닌 게 아니라, 몇 년 전까지만 해도 기차 여행을 할 때면 언제나 슈마이를 먹었다. 빨간색 포장지를 벗겨내고 얇은 나무 뚜껑을 열어 빼곡하게 들어찬 슈마이의 모습을 보면, 아, 지금부터 여행이 시작되는구나, 하고 기쁨이 송골송골 샘솟았다.

"그전에는 냉동 귤이었고."

히로마 씨의 그 말을 듣고서, 떠올랐다. 그랬다, 냉동 귤이었다. 처음에는 딱딱하게 얼어 있어 껍질 까기가 어렵지만, 전체를 덮고 있던 하얀 서리 같은 것이 금세 투명한 얼음 조각으로 변해, 손대지 않아도 후드득 벗겨지며 물방울이 되어 떨어진다. 그러면 껍질이 쉬 까진다. 냉동 귤은 크기에 따라 네 개나 다섯 개, 혹은 여섯 개씩 한 줄로 조르륵 망에 담겨 팔린다. 그래서 한 개씩 다른 상태에서 맛과 향기와 식감을 즐길 수 있었다. 완전히 언 상태(깨물면 와삭 갈라지는데, 갈라진 채로 형태를 유지한다. 사탕처럼), 약간 녹은 상태(아주 차갑고 맛있는 귤. 그래도 때로 목이 언 과육을 느낀다), 완전히 녹은 상태(보통 귤보다 신맛이 덜한, 약간 밍밍한 맛이 난다). 내가 가장 좋아한 것은 세 번째 상태의 귤이었다.

"그전에는 또 초콜릿이었어요."

그랬다. 나는 히로마 씨의 기억력에 감탄했다. 20대의 나는 늘 초콜릿을 들고 다녔다. 기차 여행을 하게 되면 더욱 예민해져서, 도중에 떨어지지 않도록 몇 종류나 사 들고 기차에 오르는 게 보통이었다. 마실 것은 물론 커피. 기차에서 술을 마신다는 생각은 꿈에도 못했다. 술은커녕, 그 시절에는 식당차라면 몰라도 객차 좌석에 앉아 낯선 사람이 보는 장소(또는 옆자리)에서 밥을 먹다니, 부끄러워 도저히 할 수 없다고 생각했다.

"변천했습니다."

"그러네. 변천했네."

"우리, 이제는 어린애가 아니군요."

"응. 이제 어린애라고 할 수 없겠지."

나와 히로마 씨는 나이도 거의 비슷하고, 비슷한 무렵 같은 세계(아동문학을 둘러싼 곳)에서 일을 시작했다. 그래서 신세를 진 사람, 일을 가르쳐준 사람, 같이 놀러 가준 사람, 술 마시는 법을 가르쳐준 사람들의 상당수가 공통된다. 그 무렵을 생각하면, 시간이 참 흘렀다 싶다.

"하이타니(겐지로)[1] 씨가 돌아가셨죠."

"응. 마에카와(야스오)[2] 씨도 돌아가셨고."

이제는 만날 수 없는 사람들의 이름을, 우리는 줄줄이 읊었다. 건강했고, 가르침도 많이 받았고, 그리고 멋졌던 작

1 아동 문학가, 2006년 작고.
2 아동 문학가, 2002년 작고.

가들, 화가들, 편집자들. 이제 우리 곁에 없는 사람들 중에는 퇴직을 했거나 먼 곳으로 이사한 사람도 있어서, 목록이 꽤 길어졌다.

"참, 그러네."

"그러게요."

예쁜 도시락과 세멸 도시락을 먹으면서, 우리는 착잡해졌다.

"의지하던 사람들이 하나둘 떠나가서 허전하고 쓸쓸해."

"그렇습니다, 정말."

일단 동의는 했지만, 히로마 씨는 우리 둘의 진짜 나이와 입장(어쭙잖지만 일에 있어서는 소설가와 편집자)이 갑자기 떠오른 모양이다.

"그래도."

하고서 나―그리고 아마도 자기 자신―의 기운을 북돋는 방향으로 말을 바꿨다. 그래도 쓸쓸하고 허전해할 수만은 없잖아요. 우리, 옷은 젊게 입고 있어도 이미 그렇게 젊지 않고, 그들이 해준 일을 이번엔 우리가 젊은 사람들에게 해줘야 할 테니까요.

그리고 랩을 절반 벗긴 상태의, 부드럽고 달콤하고 짭짤

한 세멸(분홍색 플라스틱 숟가락이 꽂힌 채였다)을 가리키며 말했다.

"에쿠니 씨도 성장했으니 말이죠."

초콜릿→냉동 귤→슈마이→세멸 도시락, 이런 변천을 성장이라 할 수 있을지는 의문이지만.

꼬들꼬들

　얇게 저민 소고기를 구웠을 때 프릴처럼 오글오글해지는 하얀 기름살을, 어릴 때 '꼬들꼬들'이라고 불렀다.
　"여기가 맛있는 부위야. 자, 꼬들꼬들. 네게만 특별히 준다."
　아빠가 그렇게 말해서 먹었더니,
　"맛있지? 맛있을 거야. 음, 그래. 여보, 이 아이 맛을 제법 아는데?"
　하며 흐뭇해하기에 나도,
　"꼬들꼬들 더 줘."
라고 해서 아빠를 즐겁게 했다. 어릴 적 우리 집에는 콜레스테롤이나 칼로리를 걱정하는 식습관이 전혀 없었다.
　그 시절의 내가 정말 '꼬들꼬들'을 좋아했는지 어땠는

지, 지금은 기억나지 않는다. 아빠가 '특별히' 주고, '맛을 안다'고 칭찬해주는 것이 그저 신 났을 뿐인지도 모르겠다는 생각이 드는데, 그럼에도 자진해서 먹었던 것을 보면 정말 좋아했을 수도 있겠다는 생각도 든다.

아무튼 아빠와 엄마 사이에서 나는 '꼬들꼬들 귀신'으로 통했다. 그리고 당시 또 한 가지 '꼬들꼬들'이 있었다. 중화요리에 전채로 나오는 해파리.

"꼬들꼬들 먹을래?"

엄마가 그렇게 말하며 접시에 듬뿍 덜어준 것을 먹으면,

"맛있냐? 그렇지, 오 그래. 이 아이는 정말 꼬들꼬들을 좋아하는군."

하며 아빠가 웃는 식으로.

이쪽 '꼬들꼬들'은 정말로 좋아했다. 가끔 해파리가 준비되어 있지 않은 중국집에 가면 실망했으니까. 내가 먹을 것이 없다는 기분마저 들었다.

해파리는 지금도 좋아하지만, 소고기 기름살은 싫어한다(돼지고기 비곗살은 어른이 되고서 좋아졌다. 많이는 못 먹어도, 투명하고 물컹해 맛이 있다).

처음 소고기 기름살이 싫다고 생각했던 날을 기억한다.

아홉 살이었다. 저녁밥을 먹는데, 아빠가 여느 때처럼 내 접시에 '특별히', '꼬들꼬들'을 덜어주었다. 그런데 나는 도저히, 도저히 그걸 먹을 수가 없었다. 살짝 눌은 기름 냄새와 입에 넣으면 찍 녹아 나오는 기름이, 상상만 해도 속이 메슥거렸다.

큰일이네, 하고 생각했다. 큰일이네, 난 이제 꼬들꼬들을 먹을 수 없어!

나는 아빠가 덜어준 그것을, 원래 내 접시에 있던 것에 섞어 숨겼다. 곁들인 채소 밑과 다른 접시에 조심스럽게 나눠서.

아빠도 엄마도, 아마 내가 그랬다는 것을 눈치채지 못했으리라고 생각한다. 음식을 남기면 안 된다고 야단하는 부모는 아니었고, 당시 세 살이었던 동생에게 손이 더 많이 간 데다, 나보다 편식이 심한 그녀에게 밥을 먹이느라 그쪽으로 주의가 쏠렸을 테니까. 더불어, 그 무렵부터 그녀는 '도미 눈알 귀신'이었다. 아빠는 툭하면 그녀에게 그걸 먹이면서, "여보, 이 아이 제법 맛을 아는데."라고 했다.

그 후에도 나는 몇 번이나 '꼬들꼬들'을 숨겼다. 하지만 그러는 사이 아빠가 내게 소고기 기름살을 덜어주지 않게 되었다. 딸의 변화를 알게 모르게 감지했던 것이겠지. 대신 아빠에게 이상한 취미가 생겼다.

"눈 꼭 감고 아, 해봐."

그러고는 나와 동생에게 조그만 김밥을 먹이는 것. 김밥은 캔에 든 구운 김에 밥, 그리고 아빠 전용 안주로 만들어졌다. 안주는 그냥 젓갈일 때도 있고, 숭어 난소 젓갈일 때도 있고, 간장만 살짝 뿌린 데친 시금치일 때도 있었다. 그리고 누에콩일 때도, 건어물일 때도, 통조림에 든 연어 살을 마요네즈에 버무린 것일 때도 있었다.

"안에 뭐 들었어?" 하고 물어서는 안 되었다. 조심조심 입을 열면 "아빠를 믿어." 했다. 그리고 꼭꼭 씹으면 대개는 맛있는 것―안주 대부분이 밥과 잘 어울린다―이었지만, 때로는 엉뚱한 것도 들어 있었다. 동그랗게 자른 레몬 조각이나 귤 한 조각(귤은 물론 안주가 아니다. 아빠가 테이블 밑에서 몰래, 늘 옆에 놓여 있는 재떨이에다 껍질을 까고 준비해두었던 것이라고 생각한다). 우리가 움찔 놀라면, "맛있는 것을 먹기 위해선 때로 위험도 감수해야 한단다." 하며 시치미를 떼었다.

원래 하던 얘기로 돌아가서 '꼬들꼬들'.

『마더 구스mother goose』에 이런 노랫말이 있다.

잭 스플랫은 기름살을 싫어해요

그의 아내는 빨간 살을 싫어해요

둘이서 힘을 합했더니

어머나, 이것 봐요

접시가 깨끗해졌어요

처음 읽었을 때, 이 부부는 참 편리하겠다고 감탄했다. 언젠가 만약 결혼을 한다면, 내가 싫어하는 음식을 대신 먹어주는 남자가 상대였으면 좋겠다고 생각했다. 하지만 지금은 남편에게 기름살을 내 몫까지 먹어달라고 부탁할 수 없다. 건강검진 때 그 사람도 신경 쓰는 각종 수치가 올라갈지 모르니.

한번은 남편에게 이렇게 말해본 적이 있다. 나, 어렸을 때는 소고기 기름살을 좋아했나 봐. 남편은 조금도 놀라지 않은 채, "거짓말."이라고 대뜸 말했다. 잠시 후 나도, "그래 거짓말일지도 모르지." 하고 대꾸했다.

동생이 도미 눈알을 정말 좋아했는지, 다음에 물어보려 한다.

우무 찬가

냉장고에 지금 우무가 들어 있어서 기쁘다. 팩 안에서 탱글탱글 시원해진 그것을, 물기를 빼고 그릇에 담아 초간장과 마른 파래를 뿌리고 겨자를 곁들여 먹는다. 이 우무는 선물 받은 것으로, 최근 같은 사람에게 두 번이나 받았다.

어떻게 두 번이나 받게 되었는가 하면, 내 신간 소설의 무대가 야나카 주변이고, 주인공 중 한 명이 가게에서 '갓 내린' 우무를 사 들고 돌아와 친구와 먹는 장면이 있는데, 야나카에 사는 그녀가 그 장면을 읽은 후로 만날 때마다 사주기 때문이다.

우무는 맛있다. 매끌매끌하고, 그런데도 씹히는 맛이 있고, 시원하고 투명한 풍미가 있고.

하지만 나는 얼마 전까지만 해도 집에서 우무를 먹은 적이 없었다. 슈퍼마켓에서 팩으로 판다는 것도 몰랐다.

나는 그것을 오래도록, 떡카페의 이단아라고 인식하고 있었다. 그 이상도 그 이하도 아닌 것으로.

어렸을 때, 떡카페에 가는 것은 아빠가 없을 때였다. 엄마와 둘이서 가든지, 동생도 데리고 셋이서 가든지, 할머니까지 해서 넷이서 가든지, 아무튼 여자만 있을 때였다. 긴자에 쇼핑하러 갔을 때는 '와카마쓰', 아사쿠사의 절에 참배하러 갔을 때는 '바이엔'에 들렀다.

엄마와 둘이 하쓰다이에 있는 치과에 다녔을 때는, 돌아오는 길에 시부야의 '쓰바키'란 가게에 들르는 것이 보통이었다. 요즘은 잘 없지만, 당시에는 어느 백화점이나 떡카페가 있어서, 쇼핑하다 지치면 그곳에서 쉴 수 있었다.

그런 곳에서 나는 물론 단것을 주문했다. 미쓰마메[1], 안미쓰[2], 오시루코[3], 젠자이[4]. 그것들에 아이스크림이나 소프트

1 삶은 완두콩에 과일과 우무를 넣고 당밀을 친 것.
2 미쓰마메에 팥소를 얹은 것.
3 간팥이 든 팥죽.
4 통팥이 든 팥죽.

크림을 얹은 버전도 있어서, 그쪽 역시 구미가 당겼다. 맛은 소박하지만 칡묵과 칡떡에도 마음이 끌렸다. 흑설탕 시럽과 콩고물도 좋아했으니까.

그런데 엄마는 거의 매번 우무를 주문했다. 나로서는 이해하기 힘든 선택이었다. 단것이 이렇게나 가지가지 많은데, 대체 왜, 하필 왜 우무? 썰렁한 느낌이 들었다. 비슷한 시기, 해수욕장에 가서도 헤엄은 치지 않고 양산을 편 채 모래사장에 서 있는 엄마에게 느꼈던 불가해함―이라기보다 다소의 답답함―과 비슷한 감정이었다. 애써 바다에 왔는데 물에도 들어가지 않다니, 썰렁하잖아.

하지만 엄마의 선택은 옳았다. 미쓰마메든 안미쓰든, 나는 한 번도 다 먹은 적이 없다. 아니, "그럼 이걸 먹어." 하며 엄마가 덜어준 우무를 오히려 많이 먹었던 것 같다.

결국 나는 우무를 좋아했는지도 모른다. 나 스스로 그걸 깨달은 것은 20대 후반이나 되어서였다. 어느 날, 여자 친구와 단팥죽을 먹다가 그 얘기를 털어놓았더니, "뭐어!" 하고 온 가게가 울리도록 소리를 지르며 놀랐다. 고등학교 동창인 그녀와 나는 둘 다 단것을 좋아한다고 자처하는 터라, 만날 때는 언제나 케이크 가게나 떡카페에서 약속을 했다. 뿐만 아니라 그 얼마 전에 만났을 때는 '언젠가 나이를 많이 먹어서 몸무게나 몸매로 남자의 시선을 의식하지 않아도 되는 날이 오면, 이 가게(긴자의 '후게쓰도'였다. 케이크 종류가 아주 다양하다. 스무 가지는 되지 않을까 싶다)의 케이크를 한꺼번에 전부 먹어보자, 꼭'이란 약속을 진심으로 나누기도 했다.

"우무……?"

그러니 그녀가 놀란 것도 당연하다.

하지만 아무튼 그때를 기점으로, 나는 적극적으로 우무를 주문하게 되었다. 우무는 심플한 먹을거리고, 가게에 따라 색도 맛도 다르다. 흑설탕 시럽만큼이나 까만 초간장으로 맛을 낸 것에서, 거의 색이 없는 도사 지방 식초나 산바이즈[5]로 맛을 낸 것까지. 기본양념은 바늘처럼 가늘게 썬 김과 겨자(라고 나는 생각)지만, 겨자 대신 간 생강이나 고추냉이가 곁들여지기도 한다. 게다가 우무는 떡카페뿐 아니라 바닷가 마을의 허름한 식당에도 있다는 것을 발견했다. 그런 식당의 촛농으로 만든 샘플은 먼지를 뒤집어써 거뭇거뭇한 공통점이 있다는 것도.

5 식초, 간장, 맛술을 같은 비율로 섞은 양념.

그런데 나는 우무를 자르는 도구가 하나 있다. 몇 년 전, 내가 우무를 좋아한다는 것을 안 친구가 만들어 선물해준 것이다. 공작을 좋아하는 그 친구는 과거 자기 집 욕실도 만든(!) 적이 있으니, 공작을 좋아한다기보다 목수 일을 좋아한다고 해야 마땅할지도 모르겠는데, 그 우무 자르개를 만든 솜씨는 정말 훌륭했다. 그냥 보기에도 아름답지만, 매끈하게 다듬어진 원목의 촉감에, 잘린 단면(즉 우무의 표면)이 지나치게 균일하지 않도록 면실을 격자 모양으로 사용한 날이란(그의 설명에 따르면 표면에 자잘한 굴곡이 있는 편이 양념이 잘 묻어 맛있다고 한다).

"정말 멋진 선물이네!"

나는 감격해서 그렇게 외쳤지만, 그에게 한 가지 오산이 있었다. 내게 한천을 끓여 우무를 만드는 기술이 없다는 점이다.

그래서 소설 때문에 취재하러 나간 거리에서, 자르기 전의 우무가 물이 찰랑찰랑한 양동이에 담겨 있는 것을 보았을 때, '바로 저거야!' 하고 생각했다. 물론 우무를 사면 그 자리에서 잘라주는 듯했지만, 부탁하면 그대로 팔 수도 있을 테고, 그럼 나는 그 아름다운 나의 '우무 자르개'로 우무를 잘라 먹을 수 있다. 만약 내가 이 가게 옆에 산다면……. 그런 몽상을 하다가 소설에 불쑥 우무가 등장하게 된 것이다.

목하 우무 가게는, 동물 병원, 우체국, 스포츠센터에 이어 우리 집 옆에 있었으면 좋겠다고 생각하는 네 번째 장소다.

장미와 장어구이

 손질을 게을리한 바람에 마당이라기보다 수풀이라 해야 할 상태의 좁은 공간에 올해도 장미가 활짝 피었다. 이 장미는 정말 튼실하고 좋은 장미다. 한없이 돋아나는 잡초에도 굴하지 않고 13년을 계속 자라, 우물 정 자 모양으로 울타리를 만들어주고, 또 덧대어주어도 모자란다. 지금은 올려다봐야 할 만큼 키가 크다. 제멋대로 자란 가지는 꽃의 무게보다는 가지가 너무 긴 탓에 휘어지고, 바람이 불면 눈송이처럼 꽃잎을 떨어뜨린다. '기본적'으로는 하얀 장미. 아주 가끔 붉은—이랄까, 아주 짙은 분홍색—장미가 몇 송이 섞여 피기 때문에 '기본적'이라 하는 것인데, 지금까지 딱 한 번 모든 꽃이 빨갛게(랄까, 짙은 분홍색으로) 핀

적이 있다. 그때는 정말 놀랐다. 나무가 뭐에 화가 났나 했다(예를 들어 너무 손질을 해주지 않은 것에). 그런데 이듬해에는 아무 일도 없었다는 듯 다시 하얀 꽃이 피었다. 꽃이 피는 시기는 해마다 초여름인데, 다른 계절에도 생각났다는 듯 한두 송이 피기도 한다. 참 인심 좋은 나무네, 하고 나는 감동한다. 튼튼하고, 아낌없이 예쁜 꽃을 피워주고, 얼마나 좋은 나무인지. 그런데 남편은, "저 나무 머리가 좀 나쁜 거 아니야!"란다. 자기가 언제 피면 좋을지 모르는 게 아니냐고.

그러나 장미는 그런 말 따윈 개의치 않고, 올해도 꽃을 담뿍 피워주었다. 첫 한 송이가 피었다 싶으면, 눈 깜짝할 사이에 만개한다. 어느 날 그 풍경을 보고는 깜짝 놀란다. 와, 초여름이네.

초여름. 연휴라는 것이 왔다. 날씨가 좋아 신 나게 빨래를 했다. 나 자신도 몇 벌이 있는지 모르는 청바지와 세탁기에 빨아도 되는 레이스 커튼과 평소 툭하면 쌓이는 손빨랫거리와.

빨래 외에는 줄곧 일을 했다. 이건 쫓기는 상태라 해야겠지 아마, 하고 어렴풋이 인식하면서. 왜 어렴풋이냐 하면,

분명하게 인식하기가 무섭기 때문이다. 연휴 때 할게요, 하고 약속한 사람이 몇 명이나 된다(그런데 아직 하고 있지 않다)는 것을 기억은 하고 있으니까.

그래서 거의 집 밖에 나가지 않고 지냈다. 너저분한 서재에서 원고지 네모 칸만 응시하면서. 그런데 어느 저녁, 불현듯 장어가 먹고 싶어졌다. 장어는 딱히 좋아하는 음식이 아니다. 그래서 간혹 먹고 싶어지는 일조차 없었다. 그런데 한번 먹고 싶어지니 맛보다는 냄새의 기억이 그윽하게 밀려오고, 그 야들야들한 몸을 젓가락으로 집을 때의 감촉과 그에 비하면 오히려 딱딱해서 밥다움이 도드라지는 흰밥과 그 풍미, 그리고 찬합 뚜껑을 열 때 나는 톡 하는 부드러운 소리까지 떠올라, 다른 건 절대 안 돼, 꼭 장어를 먹어야겠어, 하며 절박해지고 말았다.

"장어 먹으러 가요."

남편에게 말하고, 버스로 10분 정도 걸리는 가게로 갔다.

자그마한 그 가게는 언제나 텔레비전이 켜져 있다. 뿐만 아니라 신문도 몇 종류 비치되어 있어서 남편은 가게로 들어서자마자 신문을 골라 자리에 앉았다. 막 결혼했을 무렵, 나는 그의 그런 행동에 몹시 충격을 받았다. 결혼하기 전 데

이트를 할 때는 마주 보며 미소 짓고 대화도 나누었는데. 모든 것을 둘이 함께하고 싶었던 나는, 식사 때는 신문을 읽지 않으면 좋겠다, 텔레비전을 보지 않으면 좋겠다고 애원했다. 그러면 그는 어째야 좋을지 모르겠다는 듯 팔짱을 끼고 눈을 감아버렸고, 나는 또 눈을 떠달라고 애원해야 했다. 텔레비전이나 신문이 있는 가게에는 다시 오지 말자는 제안도 했다(그래도 이 가게 장어는 맛있다).

그 혼란스럽던 나날들.

나와 남편의 공통점은 둘 다 고집이 아주 센 성격에 있다고 생각한다. 서로가 한 치도 양보하지 않는다.

하지만 결혼한 지 16년이 지난 지금, 나는 방법을 찾았다. 가방에서 책을 꺼내 읽는 것이다(이날 내가 들고 나간 책은 마키메 마나부의 『가노코와 마들렌 여사』. 동생에게 재미있으니까 읽어보라는 지시 메일이 와서 산 책이다(문장에 묘한 나긋나긋함이 있다). 책을 읽는 동안, 나는 이야기 속 세계에 있지 그 장소에 있지 않다. 신문이나 텔레비전을 보고 있는 남편도 그 장소에 있지 않다. 그러니까 우리 둘이 함께 외출한 셈이다.

맥주와 장어 내장구이와 로스구이와 오이 된장 절임을 주문했다. 주문한 음식이 나올 때까지 각자 묵묵히 책과 신문을 읽는다. 음식이 나오면 책은 가방에 넣고, 신문은 선반에 올려놓는다. 알게 모르게 그런 '룰' 같은 것이 생겼다. 이렇게 우리는 아주 바람직하게 충돌을 피하게 되었다(고 생각한다). 그 후에 주문하는 장어덮밥도 남편은 '장어 곱빼기', 나는 '소'로 정해져 있다. 이 가게 장어덮밥의 소스는 너무 달거나 양이 너무 많지 않고, 장어에는 골고루 묻어 있는 반면 밥에는 스미지 않아 나나 남편이나 좋아한다(소스를 듬뿍 바르는 것을 좋아하는 손님에게는 따로 준비해 준다).

 주문한 것을 다 먹고, 충분히 만족해하며 가게를 나섰다. 배가 너무 불러서 소화 촉진을 위해 돌아가는 길은 걸어서 갔다. 밤바람이 상쾌했다. 올 들어 첫 매미 소리도 들었다. 부부란 참 비비 꼬여 있는 거구나, 하고 나는 생각한다. 너무 꼬여 있어서, 몇 번이 더 꼬여야 원래 자리로 돌아갈 수 있을지 상상이 안 된다.

아무튼 집으로 돌아와서는 일을 했다. 장어를 먹으면 기운이 난다는데, 정말일까 생각지 않을 수 없었다. 기운이 펄펄 나서 하룻밤에 15매 정도 술술 써 내려갈 수는 없을까. 하지만 그런 일은 없었다. 남편도 개도 잠든 깊은 밤, 큰일 났네, 하면서 마당에 나가 인심 좋은 장미가 한없이 떨구는 꽃잎을 보았다. 그렇게 내 연휴는 끝이 났다.

맛난 먹을거리, 혹은 매혹의 욧카이치

2박 3일로 미에 현 욧카이치 시에 갔다. 인연이 있어 꽤 오랜 세월 동안 해마다 한 번은 가는데, 갈 때마다 감동한다. 욧카이치는 참으로 불가사의한 곳이다. 고즈넉하고 차분한데 어딘지 모르게 혼돈스럽고, 한가로운데 뭔가가 격렬하다. 사람들 사이의 의사소통도 원활하고, 내 인상에는 중·장년에서 노년, 그리고 아이들이 유난히 자유분방하다. 그리고 맛있는 가게가 아주 많다.

우선 첫날. 오후에 도착해, 4시부터 9시까지 '동화 교실'이 있었다. '동화 교실'은 동화를 쓰고 싶어 하는 사람들의 워크숍으로, 벌써 10년 넘게 계속되고 있다. 각자 사전에 제출된 작품을 읽고 와서 서로의 작품을 비평한다. 모두들 정말 진지하기 때문에 1년에 한 번 난입하는 나 역시 진검 승부 하지 않을 수 없다. 상당히 멋진 다섯 시간이다. 다양한 수준의 필자가 있고, 다양한 타입의 작품이 있다. '흥미롭다!'고 느껴지는 한 줄과 아이디어, 경우에 따라서는 한 편도 있다. 그렇다고 당장 출판에 돌입할 수 있는 것은 아니다. 문장과 인격, 프로와 아마추어를 둘러싼, 뭐라 딱 꼬집어 말할 수 없는 '돌고 돌기'에 대개는 나 자신이 혼란스러워지고 만다. 자극적이고 공부도 되지만, 끝나고 나면 지쳐서 심신이 너덜너덜해지는 다섯 시간이다.

너덜너덜해진 포상(?)으로 생선초밥을 얻어먹었다. 비밀 클럽처럼 은밀한 초밥집이어서 놀랐다. 출입문만 보아서는 바 같은 분위기. 카운터 주위를 검은 가죽 의자(사장실 소파 세트 같은 의자)가 빙 두르고 있어서, 처음(죄송합니다. 하지만, 처음에만 그랬어요)에는 음, 이거 좀 악취미 아닌가? 했다. 그런데 막상 앉아보니 얼마든지 오래 있겠다 싶을 만큼 안락했다. 너비도, 왼쪽에만 있는 팔걸이도 정확하게 계산된 것이었다. 게다가 실내 공기가 정말 청량했다. 물어보니, 먼젓번 주인이 '가게는 물 쓰는 일이 기본'이라는 방침을 세웠다고 한다. 카운터는 물론 벽의 원목도 물에 강한 나무로 되어 있고, 바닥은 물론 돌이었다. 그리고 잇달아 등장하는 생선초밥의 호화찬란함이란! 이 가게 뒤에 용궁이 있는 건 아닌지 의심스러울 정도였다. 그중에서도 가장 좋았던 것은 투명하고 오독오독 기운찬 날오징어. 막 잘린 다리를 간장에 찍었더니 마구 꿈틀거려, 순간 입에 넣기가 무서웠다. 그 밖에도 잔생선을 으깬 것, 갯가재의 앞발 살이 담긴 종지, 전복과 아귀 간 등 술이 절로 당기는 맛난 것들이 많아, 가게를 나설 무렵에는 물고기들의 환대를 받은 우라시마 타로가 된 기분이었다. 이 가게 주인은 럭비 선수인데, 내일 경기가 있다고 한다.

둘째 날은 대담 형식의 토크 이벤트와 사인회가 있었다. 도쿄에서 사이좋게 지내는 편집자들이 응원(?)차 내려와 주었다. 욧카이치는 매혹적인 도시인 동시에 속이 깊은 별세상이기도 한지라, 나는 그 사람들이 갑자기 행방이 묘연해지거나, 여기서 살고 싶다고 하거나, 엉뚱하게 사랑에 빠지거나, 그 밖에 상정할 수 있는 사태에 휘말리지 않기를 기도했다. 이 도시에서는 무슨 일이든 일어날 수 있다. 공장 굴뚝에서는 연기가 피어오르고, 세련된 재즈 바가 몇 군데나 있고, 프랑스 해안(속칭입니다. 지도상 지명이 아니에요)이라 불리는 아름다운 해변이 있고, 봄이면 쇠뜨기가 피고, 아이들이 시의회에 의제를 제출하고, 어른들은 대낮부터 야구를 하거나(후슛) 럭비를 하며 노는 도시에서는.

이벤트와 사인회를 무사히 끝낸 후, 일행 총 열다섯 명이 중국집으로 몰려갔다. 중국인 부부 둘이 꾸려가는 조그만 그 가게는, 간판 메뉴인 물교자를 비롯해 소시지도, 단호박과 청채찜도, 닭튀김도, 토마토와 계란볶음도 모두모두 맛있다. 심플하고 가정적인 맛이다. 나는 이 가게를 길고양이가 '찾아가면 꼭 생선포를 주는 집'을 좋아하듯 좋아해서, 욧카이치에 오면 반드시 한 번은 들르는데, 이날 밤—그야말로 이후—을 마지막으로 가게를 접는다는 소식을 들었다. 사실은 며칠 전에 문을 닫을 예정이었는데, 특별히 며칠 연기했다고 한다. 부부가 곧 상하이로 돌아간다는 것. 너무 아쉬웠지만, "웃어주세요."란 말에 가게 앞 길거리에서 기념 촬영도 했다. 18년 동안 이 고장을 지켜온 '복나무 福木'가 이제 없어지고 만다.

그 충격도 아직 가시지 않았는데, 원래가 야행성인 도쿄 팀은 호텔 근처에 있는 아메리칸 바로 자리를 옮겼다. 카페 레스토랑처럼 밝은 바(실제로 파스타와 피자 종류가 풍부

했다)로, 다른 손님의 모습은 보이지 않았다. "어디서 왔는데요?", "어머나, 그래요." 하며 말을 걸어주는 마담이 있었다. 갑작스레 여정이 북받친 나는 참 멀리 왔구나, 하고 생각한다. 건포도 버터를 집어 먹으면서, 먼 곳의 건포도 버터네, 하고.

셋째 날은 아침부터 야구 경기가 있었다. 화창한 날 푸르른 시민 구장에서, 오전과 오후에 걸쳐 두 경기. 도쿄에서 내려온 편집자 팀과 백전 연마한 이 고장 팀의 대전이었다. 나는 3루 벤치의 콘크리트 지붕 위인 특등석에 앉아 점수를 매기며 관전했고, 한껏 햇살에 그을었다. 결과는 1승 1패. 대만족이었다.

목욕 센터라는 곳에서 땀을 씻어내고(나는 운동을 하지 않았기 때문에 마사지 의자가 죽 놓인 로비에서 책을 읽으며 기다렸다. 이때도 역시, 먼 곳에 왔다고 생각했다. 안 그렇겠는가, 목욕 센터라니), 해도 저물지 않은 시간에 사흘간의 여행을 마무리하기 위한 식사를 하러 갔다. 야구를 했으니 고기를 먹어야 한다는 주최 측의 배려로 어제와는 다른 중국집에 갔다. 교자와 맥주. 그런데 자잘한 이 교자가 정말, 정말 맛있었다(그리고 돼지고기 스테이크라는 것도 먹었다. 역시 맛있었다). 욧카이치라는 도시에는 맛있는 중국집이 대체 몇 군데나 있는 걸까. 이곳은 아버지와 아들 형제가 하는 가게였다. 주방 일을 도맡고 있는 동생 쪽은 명실상부한 서퍼란다(서퍼라면서 머리는 뽀글 파마였다). 첫날 들렀던 생선초밥집 아저씨가 다음 날 럭비 경기가 있다고 말했던 것이 떠올랐다. 이 도시에 사는 사람들은 어째서인지 다들 과격한 스포츠맨이다.

음식 삼매에 빠졌다가 신칸센을 타고 도쿄로 향한 나는 그날 밤 기차에 오르자마자 잠이 들었다. 일을 하러 왔는데, 이 도시에서 돌아갈 때는 마치 놀다 지친 아이처럼 되고 만다.

'된장'의 긍지

오늘, 주문한 된장이 배달되었다. '오미자 맛 쌀겨 된장'이라는 이름의 된장이 마음에 꼭 드는 나는 이 된장이 없으면 상당히 곤란한데, 주문이라는 행위에 서툰 탓에 된장이 얼마 남지 않았다는 것을 알면서도 며칠, 몇 주나 주문을 미루고 있었고, 그러다 보니 끝내 된장이 바닥나고 말았다.

주문하는 행위의 무엇에 그렇게 서투른가 하면, 우선은 전화를 걸 필요가 있다는 점. 나는 옛날부터 전화를 무서워했는데, 최근에는 더 무서워졌다. 하지만 인터넷은 사용할 줄 모르고 팩스는 제대로 도착했는지 불안하기 때문에 주문을 하고 싶으면 전화를 거는 수밖에 없다. 다음은 '주문'이라는 말. 왜인지 나 자신도 분명히 모르지만 나는 이

말이 부끄럽다. 주문. 대체 어떤 표정으로 그걸 하면 좋을지 모르겠다. 아니, 내가 그걸 한다는 생각만 해도 부정하고 싶어진다. 아니요, 아니에요, 이건 그게 아니에요, 하고. 하지만 물론 이건, 보란 듯한 그것이다.

된장은 그냥 보기만 해서는 맛의 좋고 나쁨을 알 수 없다. 그렇게 많이 소비하는 것도 아니라서 입맛에 맞지 않는 것을 샀다 해도 상당 기간 그냥 사용하지 않을 수 없다. 따라서 입맛에 맞는 된장이 있으면 무슨 수를 써서라도 계속 입수해야 한다. 가령 주문을 해야 하는 신세가 되더라도.

그런 일련의 과정을 거쳐 오늘 무사히 '오미자 맛 쌀겨 된장'이 배달된 것이다. 그래서 오랜만에 계란 노른자 된장 절임과 순무 된장 절임을 담갔다.

옛날에 아이들끼리 놀 때, 아직 나이가 어리기 때문에 다른 아이들과 똑같이 할 수 없어 너그럽게 봐줘야 하는 아이를 '된장'이라고 불렀다. 여섯 살 아래인 동생을 데리고 나가 놀 때면 동생이 항상 그 '된장'이었다. 그 말이 '된장 찌끼'의 준말이라는 것은 어른이 되고 나서야 알았다. 실제로 그 말을 사용하던 어린 시절의 나는 그런 아이들을 왜 '된장'이라 하는지 전혀 이유를 모르겠다고 생각했다.

커다랗고 묵직한 통에 담겨 팔리는 적갈색이거나 황토색, 혹은 계란색이거나 뽀얀 하얀색의 각각이 진하고 깊고 차가운 냄새를 풍기는 차분한 된장과 나이 어린 아이들은 조금도 닮지 않았는데, 하면서.

그러고 보니 그 무렵 가게 사람이 된장을 국자―주걱이라고 해야 하나. 나는 사물의 명칭을 잘 모른다―로 떠낸 뒤 통에 넉넉하게 남은 된장 표면을 꼼꼼하게 고르는 손길에 몇 번이나 눈길을 빼앗겼다. 빨려 들어갈 듯 쳐다보면서, 한 번쯤은 저걸 뒤섞고 짜고 주무르고 두드려보고 싶다고 생각했다. 통이 아닌 유리 뚜껑이 있는 케이스 안에서 네모나고 납작한 상자에 담겨 팔리는 된장도 있었다.

된장 가게를 좋아했는지도 모르겠다. 광 속을 연상케 하는 쾨쾨한 냄새를 맡으면 기분이 착 가라앉았던 기억도 있다. 아마도 '된장'이라는 말 때문에 된장 자체에도 묘한 친근감을 품었던 것이리라.

주위에 '된장'은 내 동생 하나만이 아니었다. 하루가 멀다 하고 집 앞 골목길에서 함께 놀던 동네 아이들에게는 대개 여동생이나 남동생이 있었으니까. 그리고 나이가 좀 있는 아이들(나조차!)은 그런 '된장'들의 안전에 무척이나 주의를 기울였다. 그 무렵의 나는 참 훌륭했다고 생각한다. 지금은 내가 완전히 '된장'이기 때문이다. 네, 그래요. 사람은 어른이 된 후에 '된장'이 되기도 한답니다.

그렇다는 것을 깨달았을 때는 나 자신도 놀랐다. 대체 언제 '된장'이 된 것일까.

낌새는 이미 고등학교 시절에 있었다. 나는 행동 면에서 명백한 열등생이었다. 뭘 하든 시간이 걸렸다. 뿐만 아니라 왜 그걸 해야 하는지 몰라 결과적으로 아무것도 하지 못했다. 하지만 그것은 그리 나쁜 일이 아닌 듯했다. 조금은 환영받기도 했다. 내가 나서서 뭘 하면 오히려 폐가 되었기 때문이다. 그렇게, 거기에 있는 것이 허용되었다.

내 멍한 성격은 때로는 친구들을 어이없게 했고, 때로는 웃게 했고, 때로는 답답하게 했을 것이다. 때로는 안심시키기도 했으리라. '된장'으로 있는 것이 내 성격에 맞았다. 그것은 분명 어떻게든 주위와 융화하려는 나만의 기술이었다.

그 후로 지금까지 줄곧 '된장'이다. 세계—란 표현이 거창하다면 사회, 또는 세간이라고 바꿔 말해도 좋다—안에서 내가 간신히 확보한 자리.

한심하네, 하고 생각한다. 그렇게 생각하지만 어쩔 수 없다. 사람에게는 각자 자기만의 성격과 실력과 사정이 있다. 이렇게 된 바에야 '된장'으로서 긍지를 지니고 그것을 관철하는 도리밖에 없다.

'된장'의 긍지는 과연 무엇일까. '마지막까지 관찰자로 있는 것'이라고 나는 생각한다. 때로 무리에 끼워준다 해도 그것은 그들의 진정이 아니다(요즘 아이들 말로 노 카운트). '된장'은 거기에 있으면서 없는 자이고, 그 본분은 어디까지나 세계의 관찰에 있다. 가만히, 빈틈없이, 지속적으로 관찰하는 것.

그러므로 소설가는 '된장'에게 맞는 직업이다.

길치, 또는 사전 회의의 전말

 나는 길치인 것 같은데, 길치라는 사실 자체를 딱히 '잘못'이라고는 생각지 않는다. 어딜 가든 헤맬 가능성을 고려해 조금씩 일찍 집을 나서고 아무리 길을 헤매더라도 마지막에는 찾아가니까, 적어도 도시에 있는 한은 길치라도 그다지 주위에 폐를 끼치지 않는다.
 그러니까, 그러면 안 되지, 하고 생각하는 것은 그 후의 일이다. 헤매지 않고(또는 헤매다가도 사람에게 길을 묻거나 이리저리 걷다가) 무사히 시간에 맞춰 약속 장소에 도착했을 때 자랑스러운 기분에 젖는 것은 안 될 일이라고 생각한다. 도착하는 것은 당연한 일인데, 그런데도 역시 끓어오르는 성취감을 억누르지 못한다. 해냈다는 원시적 기쁨.

지난주에도 그랬다. 비 내리는 밤이었다. 약속 장소는 역에서 멀고, 손에 쥔 지도는 비에 젖어 흐물흐물해지고, 흔히 있는 일이지만 헤매고 있지 않은데도 헤매고 있는 건 아닐까 걱정되어 되돌아갈 필요 없는 길을 되돌아가고, 헛걸음에 헛걸음을 되풀이한 후에야 가까스로 약속 장소인 한 건물에 도착했다.

"안 헤매셨어요?"

"용케 잘 찾아오셨네요."

저마다 인사 대신 하는 그런 말에, 그럼요, 어린애도 아닌데 잘 찾아오죠, 하는 표정을 간신히 유지하면서도, 속으로는 우쭐해서 가슴을 쫙 펴고 있었다.

한 방송국 일로 하게 된 여행의 사전 회의 때문에 그날 밤 그곳에 간 것이었다. 네 명의 작가(모리 에토 씨, 가쿠다 미치요 씨, 이노우에 아레노 씨 그리고 나)가 각기 유럽의 시골 동네를 걸으면서 옛날부터 내려오는 그 고장의 음식을 먹고, 그와 관련된 사람들을 만나(그런 여행을 애그리투어리즘Agritourism이라고 한단다) 모습을 촬영하고, 나아가 네 명이 한 편씩 단편소설을 쓰고, 그 소설을 바탕으로 하라 다카시 감독이 현지에서 드라마를 찍는 엉뚱하고 무모하……지는 않지만 놀라운 기획답게 전원이 모이는 딱 한 번뿐인 사전 회의에도 놀람이 가득했다.

우선 지정된 장소(내가 가까스로 도착한)가 '키친 스튜디오'였다. '키친 스튜디오'는 이름 그대로 부엌과 식당을 겸한 공간으로, 잡지의 요리 페이지 촬영 등에 사용되는 곳인 듯했다. 아파트 모델하우스 같은 분위기였다. 사전 답사 여행에서 막 돌아온 하라 씨가 우리들이 갈 네 나라의 음식 재료와 술을 한 아름 선물로(예습용 자료로?) 사온 터라, 다 같이 그것들을 먹으며 프로그램의 취지 및 구체적인 여행 일정에 대한 설명을 듣기로 했다.

나는 가슴이 콩닥콩닥 뛰었다. 사전 회의일 뿐인데 갖가지 이벤트를 마련한 것 자체가 색다르고, 색다르다는 것은 오늘날에 있어 고상하다 하리만큼 멋진 자세라고 생각하기 때문이다.

하라 씨가 벽에 지도를 붙였다.

"이노우에 씨는 이탈리아 피에몬테에 갑니다. 이 부근이죠. 좀 더 큰 지도를 보면 이쯤."

모두 숨죽인 채 벽을 지켜본다. 수업(그야말로 수업이었다. 20여 년 전 일 때문에 견학 갔던 미국의 어느 초등학교

교실 풍경이 떠올랐다)은 알기 쉽고 준비에도 빈틈이 없어서, 옆에 놓인 컴퓨터에서는 필요에 따른 영상이 떴다. 앉아서 여행하는 기분이었다.

그러는 동안 하라 씨의 지인이라는 여성 요리 연구가가 솜씨를 부린 음식들이 잇달아 테이블에 놓였다. 미발포 레드 와인에 맞춰 소고기 생햄, 올리브, 초콜릿을 찍어 먹는 그리시니, 미트 소스 파파르델레, 트뤼프 소스 파파르델레.

"모리 씨는 브르타뉴에 갑니다."

칼바도스에 맞춰 살라미, 소금 초콜릿, 매콤한 정어리를 얹은 비스킷, 리코타 치즈와 시금치를 크레이프로 감싼 것, 오믈렛과 가느다란 아스파라거스가 놓인다.

"가쿠다 씨는 바스크입니다."

레몬주스처럼 노랗고 소박한 시드르와 함께 나온 것은 바스크에만 있는 치즈로 만든 리소토. 그다음에 마신 차콜리라는 이름의 화이트 와인은 미발포로 해변에서 만들어진다고 한다.

"에쿠니 씨는 포르투갈 알렌테주."

시라Syrah 100퍼센트의 로제 와인과 함께 알렌테주 돼지고기 생햄이 든 크로켓을 먹는다.

디저트로는 핫 초콜릿(맛있었다!)과 헤이즐넛 리큐르를 마신 뒤 브르타뉴산 청보리 위스키로 마무리를 했다. 사전 회의에서 이렇게 많은 음식을 먹은 것도, 이렇게 술을 마신 것도 아마 처음인 것 같다. 피에몬테와 브르타뉴, 바스크, 알렌테주에 관한 여러 가지 얘기를 듣고 사진도 보다 보니 막 여행에서 돌아온 듯한 기분이 들었다. 아, 재밌었다, 하며 나리타에서 짐이 나오기를 기다릴 때의 기분이.

하지만 물론 그곳은 시부야의 '키친 스튜디오'. 창밖은 여전히 비 내리는 밤이었다. 여행은 지금부터다.

"열심히 메모하던데요."

하라 씨가 그렇게 말하는데 뭐라 대답할 말이 없었다. 물론 메모를 하긴 했지만 줄줄이 제공되는 요리가 흥미진진해서였어요(테이블에 오른 요리와 술을 전부 메모한 사람은 나뿐이었을 것이다. 다른 세 작가는 수업에만 집중했을 테니까), 정작 여행에 대해서는 한 글자도 쓰지 않았는걸요, 라고는 절대 말할 수 없다.

"눈앞에 있는 걸 기록하고 싶어진다니까요, 버릇이랄까."

의미가 묘연한 말로 둘러댔다.

옛날에, 길치인 사람은 눈앞의 경치에만 정신이 팔려 결국 전경을 파악하지 못하지요, 라는 말을 듣고 분개한 적이 있는데, 정말 그 말이 맞는지도 모르겠다.

비 내리는 아침 부엌에서

 어젯밤 마신 술이 오늘 아침 눈을 뜰 때까지도 깨지 않았다. 창밖은 음울한 비.
 옛날 텔레비전 CM송 중에 '술을 마신 다음 날 아침은'이란 노래가 있었다. 토마토 주스 광고였는데, 당시 어린애였던 나는 술을 마셔본 적이 없으면서도 정말 좋겠는데, 하고 생각했다. 술이 덜 깬 아침에 마시는 토마토 주스, 몸에 쏙쏙 스며들겠지, 시원하고 진하고 약간 걸쭉하면서, 채소의 본질인 선명함과 강렬함이 마신 사람의 기운을 확실하게 북돋아줄 거야, 하고 상상했다.
 숙취에 어떤 이미지를 가지고 그렇게 생각했는지는 모른다. 감기에 걸려 미열이 있을 때와 비슷하리라고 생각했는지도 모르지만, 왠지 '병이 나아갈 때'에 가까운 상태를 상상했을 것 같다. 이제 병이 다 낫긴 했지만 병에 한껏 짓밟힌 후의 상태, 체력을 완전히 소모해 반드시 에너지 보충이 필요한 상태를.

그럴 때 마시는 토마토 주스의 싱그럽고 강력한(틀림없이 그럴) 맛을 음미하고 싶어서, 숙취라는 사태에 거의 동경에 가까운 감정마저 품고 있었다. 지금 생각하면 우스운 일이지만, 어린아이란 때로 말도 안 되는 상상을 하는 법이고, 또 본인은 심각하다. 그 동경에는 아마 나는 숙취 같은 이상한 일과는 평생 인연이 없으리라는 확신이 흔들림 없는 전제로 깔려 있었을 것이다.

그런데 예기치 못한 일이 내게도 찾아왔다. 숙취라는 사태가 내게도 벌어진 것이다.

"잘됐잖아? 어릴 적 꿈이 하나 이루어졌으니."

어린 시절의 나에게 그렇게 말하고 싶어진다. 오늘 아침처럼 기분이 영 엉망일 때는.

사둔 토마토 주스가 없어서 최근 좋아진 탄산음료를 마셨다. 그 이름 하여 '어른의 레몬'. 상큼하고 맛있으면서, 당분도 칼로리도 전혀 없다는 점이 좋다. 성분 표시를 보니 회복계 아미노산인 오르니틴이 들어 있단다. 오르니틴이 무엇인지는 모르지만 '어른에게 좋은 성분'으로 '바지락에 많이 함유된 주목할 성분'이라고 쓰여 있는 것으로 보아 왠지 숙취에도 좋을 것 같다.

그런 생각을 하면서 페트병을 요모조모 살펴보다가 이런 문장을 발견해 깜짝 놀랐다. '오르니틴은 체내에서 소모되어도 스스로 오르니틴으로 돌아가기 때문에 회복계 아미노산이라 불린다'.

소모되어도 다시 오르니틴으로 돌아간다는 것은 소모되어도 줄어들지 않는다는 뜻인가. 날마다 이 음료를 마시면 몸속이 오르니틴으로 꽉 차는 것일까. 게다가 '스스로'라니…….

맛도 있고 마음에도 들었으니 그저 꿀꺽꿀꺽 마시면 그만인데, 비록 술이 덜 깬 머리일지언정 신경이 쓰이는 것은 쓰인다.

하루 첫 일과인 두 시간의 목욕을 끝내고 나니 그럭저럭 일을 시작할 수 있을 정도로 알코올이 빠져나갔다(숙취 증상은 사람에 따라, 또 때에 따라 다르지만, 내 숙취는 올 때도 천천히 오고 갈 때도 천천히 간다). 책상 앞에 앉기 전에

비파 두 개를 먹었다. 토실토실 살찌고 달콤한 비파였다.

비파라는 과일의 모습과 맛에 대해 생각할 때 가장 먼저 떠오르는 형용사는 '친절하다'다. 그것은 고즈넉한 모양과 절도 있는 달콤함, 오렌지색은 절대 아닌 부드러운 색감과 술술 벗겨지는 껍질의 순순함, 과즙이 충분하지만(껍질을 벗겼을 때 드러나는 속살의 표면은 맛나고 달콤한 물을 듬뿍 머금고 빛난다) 튀거나 넘쳐흐르지 않는 수분, 차분한 기척…… 등의 인상에서 오는 것이지만, 아마도 동요의 영향이 더 클 것이라 생각한다. 마도 미치오가 노랫말을 붙인 〈비파〉.

비파는 친절한 나무 열매라서
서로를 껴안고 익어간다
엷게 무지개 뜬 당나귀님의
귀 같은 나뭇잎 아래에서

절로 한숨이 나올 만큼 멋진 노랫말이다. 서로를 껴안고 익어가기 때문에 친절한 것이 아니라, 친절하기 때문에 서로를 껴안고 익어가는 것이다. 정말 굉장한 비유다. 광택은 있어도 두툼하고 어딘지 모르게 소박한 비파나무의 잎을 당나귀 귀에 비유한 것도 얼마나 절묘한지 모르겠다.

   그 노랫말 속에서 비파는 애당초 존재 그 자체가 숙명적으로 친절하다. 기타하라 하쿠슈의 노랫말인 〈자장가〉에도 비파가 등장한다.

> 카나리아가 자장가를 불러요
> 잘 자라 아가야 우리 아가야
> 요람 위에서 비파가 흔들려요
> 잘 자라 아가야 우리 아가야
> 다람쥐가 요람을 흔들어요
> 잘 자라 아가야 우리 아가야
> 요람의 꿈에 노란 달빛이 어려요
> 잘 자라 아가야 우리 아가야

   사뭇 자장가다운 느릿한 멜로디의 힘도 있지만, 이 노래에서 비파는 아주 평화로운 풍경의 한 자리를 차지하고 있다. 딸기나 수박, 그레이프푸르트였다면, 이 고요함과 나른한 풍정이 표현되지 않을 것이다.

언어란 참 대단하다고 생각한다. 비 내리는 아침 부엌에서, 비파는 이런 색과 모양과 맛이라서 친절한 것이 아니라, 친절하기 때문에 이런 색과 모양이고 이런 맛이 나는 과일이라는 것을 확신하게 되니까.

예약병

나는 나 자신을 예약병이라고 생각한다.

외식을 할 때 사전에 예약하지 않으면 조바심이 나 어쩔 줄 모른다. 무턱대고 갔는데 자리가 없거나 휴일이면 난감하고, 옛날에 좋아했던 가게에 오랜만에 갔더니 흔적도 없이 사라져버린 경우도 있을 수 있으니까.

사실은 훌쩍 나섰다가 들어가는 편이 멋지다. 산책을 하다 들르는 것처럼. 하지만 그러지 못한다.

어릴 적 가족끼리 튀김을 먹으러 갔던 날을 기억한다. 아빠는 신중한 성격이어서 여행이나 외식을 할 때면 꼼꼼하게 예약하고 준비했다. 하지만 한편으로는 충동적으로 훌쩍 나서는 것도 좋아하는 사람이었다. 동네 메밀국숫집이

나 스파게티 가게에는 그렇게 갔다. 끼니때도 아닌데 "산책하러 나가자." 하면서 나와 동생을 데리고(역 앞 산책이라고 했다) 나가, "엄마에게는 비밀이다."라며 찻집에서 필라프를 사준 적도 있었다. 찻집에서 먹는 것은 언제나 필라프로 정해져 있었다. 다른 것을 먹고 싶어 해서는 안 되었다. 그래서 내게 필라프는 지금도 화창한 낮의 맛이 나는 음식이다.

　아빠는 그날, 그렇게 가벼운 마음으로 튀김을 먹으러 가기로 결정했다. 아빠가 불쑥 어떤 행동에 나설 때 당황하고 곤욕스러워하는 사람은 물론 엄마다. 저녁 준비를 하던 부엌에서 잡다한 뒷마무리를 하고, 바람 쐬러 나간 고양이가 돌아오기를 기다려 집 안에 들이지 않고는 문단속을 할 수 없다며 구시렁거리기도 하고, 우리들을 준비시키는 한편 엄마 자신도 준비하는 등, 할 일이 얼마든지 있어 보였다. 아빠는 허둥대는 것을 싫어하는 사람이라 금세 언짢아하면서, "뭘 그리 바쁘게 허둥대는 거야, 잠시 나갔다 오는 건데. 그냥 따라나서기만 하면 될 일을." 하고 말했다. "왜 하필 지금 빨래를 거둬들이는 거냐고. 갔다 와서 해도 되잖아." 하고 내뱉듯 말한 적도 있었다.

하지만 엄마가 허둥대는 것은 어쩔 수 없는 일이었다. 아빠는 시간을 엄수하는 사람이라, '5시에 출발한다' 하면 가족 전원이 늦어도 5시에는 현관 밖에 나가 있어야 했기 때문이다.

게다가 솔직히 말하면, 이런 때일수록 내가 아빠의 기분을 언짢게 하는 데 한몫했다.

"이 코트 따끔거려서 입기 싫어. 코트 안 입어도 안 춥단 말이야." 하고 칭얼대서 엄마를 애먹이고, "전철 타고 가는 거지? 우리 전철 타고 가자, 응? 택시 타면 멀미해서 싫단 말이야. 택시로 갈 거면 난 안 갈래."라고 아빠에게 직접 투덜거리기도 했기 때문이다. 그러면 아빠는 "그만 쫑알거려라." 하는 한마디 외에는 대꾸도 하지 않았다.

내가 초등학교를 졸업할 때까지 우리 가족의 '외출'은 대개 그런 식이었다. 허둥지둥하는 엄마와 불쾌한 아빠, 따끔거리는 코트, 엄마의 향수(당시 나는 향수 냄새를 택시만큼이나 싫어했다), 차멀미.

그렇게 우왕좌왕하다가 겨우 도착한 신주쿠의 튀김집이 하필 그날 정기 휴일이었다. 늘 꼼꼼하게 예약 전화를 걸고 난 뒤에야 나서는 아빠가, 그날따라 열려 있겠거니 했거나

깜박 잊은 모양이었다. 고급 요릿집처럼 문턱이 높은 곳이 아니라 굳이 예약하자니 요란 떠는 것 같다고 생각했는지도 모르겠다.

우리는 가게 앞에 우두커니 서서 문 너머로 어두운 가게 안을 바라보았다.

"돌아가자."

안 그래도 언짢아 있던 아빠의 목소리가 그때는 거의 분노로 떨리고 있었다. 나는—그리고 아마 동생도—집에 돌아가도 상관없었다. 애당초 튀김이 먹고 싶은 것도 아니었고, 화까지 난 아빠 옆에 있는 긴장 상태에서 한시라도 빨리 벗어나고 싶었기 때문이다.

그런데 그때 놀랍게도 엄마가 반대했다.

"기껏 나왔는데 어디 다른 가게에 가서 뭐라도 먹고 가요."

그런 말을 한 것이다. "애들이 배고플 텐데, 가엾잖아요." 그런 말도. 그러나 아빠는 들은 척도 하지 않았다. 안 돼, 그냥 가. 다른 걸 먹느니 차라리 먹지 않는 게 나아, 입이 이미 튀김이 되어버렸으니까, 라면서.

결국 우리는 다시 택시를 타고 집으로 돌아갔다. 그 후 아빠를 뺀 우리 셋은 오차즈케인지 뭔지를 먹었지만, 아빠는 고집스럽게 아무것도 먹지 않았다.

아빠의 기분이 언짢은 것은 항상 있는 일이었으니, 이날 일이 내 기억에 새겨진 것은 그 말 때문이라고 생각한다. 입이 이미 튀김이 되어버렸으니까. 먹는 것에 그리 집착하지 않는 어린애였던 나는 얼마나 놀랐는지 모른다. 그렇게 튀김이 먹고 싶었나, 입이 튀김밖에 받아들이지 않을 정도로?

아빠도 돌아가시고 엄마도 돌아가신 지금, 나는 아빠 엄마 자식이 틀림없네, 하고 생각한다. 나는 아빠도 닮았고 엄마도 닮았다. 그리고 지금은 예약병을 앓고 있다.

20대에는, 특히 여행을 계획할 때는 예약 없이 떠나는 것을 좋아했다. 예약을 하는 건 구태의연하고 멋도 없는 일이라고 생각했다. 발길 닿는 대로 가는 것이야말로 여행의 참맛이라고 생각하기도 했다. 1년짜리 싸구려 오픈티켓을 사서 비행기에 오르고, 묵는 곳은 물론 이동할 곳도 정하지 않은 채 떠나는 것이 자유로운 여행이라고.

그 시절은 그 시절 나름대로 즐거웠다. 발 닿은 곳이 어디든 혼자서도 충분히 할 수 있다는 것을 자신에게 증명하고 싶었던 것이리라. 하지만 이제는 증명하지 않아도 된다.

세상이나 인생이나 안심할 것은 하나도 없으니까, 여행이나 외식 같은 소소한 즐거움만은 안심하고 즐기고 싶어 예약을 하고 나선다.

과일, 과일, 과일!

 여름은 과일이 아주 많은 계절이라 좋다. 기본적으로 저녁 외에는 과일이 주식이라, 겨울에는 종류가 다양한 감귤류와 수입 열대 과일―파파야와 망고 등―을 매일 번갈아 먹는다. 말이 감귤류지, 그 품종은 실로 다양하다. 가련한 귤, 달콤한 오렌지, 영리해 보이고 그리움을 자아내는 금귤. 과즙이 풍부한 그레이프프루트, 시원한 과육의 감촉이 매력적이고 품위 있는 자몽. 과일로서 완벽하고 짙은 녹색 껍질도 아름다운 스위티와 맛이 소박한 데코폰, 청량한 맛의 휴가나쓰, 새침데기 이요깡. 리큐르 같은 맛이 나는 조그맣고 노란 불수감과 향이 좋은 네이블오렌지, 큼지막한 멜로골드와 오로 블랑코. 그 밖에도 많다. 열대 과일 역시 산지에 따라 색깔도 맛도 크기도 표정도 다 달라 흥미롭다. 그래서 매일 계속 먹어도 질리지 않는데, 여름이면 더욱 그렇다.

첫 시작은 비파다. 결정타는 자두. 해마다 첫 자두를 보는 순간 여름이 왔음을 실감한다. 자두에도 차례가 있다. 우선 오이시와세가 가게에 첫선을 보이고 피자두와 산타로사가 뒤를 잇는다. 그리고 간노, 다이요, 기요, 가키테, 그 외에도 몇 가지 품종이 줄을 잇고, 겟코, 아키히메로 이어진다. 물론 그사이 버찌가 등장하고 복숭아가 등장하고 멜론이 등장하고 블루베리가 등장하고 수박이 등장한다. 원래 가을철 과일인 배도 여름 중반이 되면 보이기 시작하고, 포도와 무화과는 초여름부터 맛볼 수 있다. 그런 데다 겨울 동안 나를 살려주었던 오렌지와 그레이프프루트와 열대 과일도 실은 지금이 먹을 때라는 듯 빛나는 색감으로 그 대열에 동참한다. 천국이란 이런 것? 슈퍼마켓 과일 매장에 서서 다양한 과일이 내뿜는 차갑고 은밀한 냄새를 맡으며 나는 황홀해지지 않을 수 없다.

하지만 동시에 이 시기는 진검 승부의 시작을 의미하기도 한다.

매 주말마다 일주일 치 플러스 알파(만에 하나의 경우에 대비해 넉넉하게)를 산다. 언제쯤 충분히 익을지 잘 보고 사야 한다. 그러나 내 실력으로 정확히 며칠 후가 먹을 때인지까지는 알아볼 수 없으니 '대충' 예측하는 수밖에 없다. 그래서 예를 들면 이렇게 산다.

아주 잘 익은 것(대개 절반으로 자른 멜론) 한 가지, 충분히 익었지만 잠시 여유가 있는 것(딸기나 무화과, 망고) 한 가지, 며칠을 두고 조금씩 먹을 수 있는 것(알이 굵직하고 단단한 블루베리나 포도) 한 가지, 만약 상비 식량인 감귤류가 떨어졌으면 그것도 조금, 그리고 이 시기에는 별도로 최대한 익지 않은 자두와 사흘 후면 익지만 닷새 후까지 갈 만한 복숭아 몇 개를 반드시.

말할 필요도 없지만 자두와 복숭아는 상온에 두고 매일 아침 상태를 체크하면서, 익은 것부터 냉장고에 두세 시간 넣었다가 시원하게 먹는다.

자랑거리는 못 되지만, 나는 옛날부터 한꺼번에 두 가지를 하지도 못하고 생각하지도 못한다. 내 주위 사람들 모두가 언제든 '맞는 말'이라고 증언할 것이다. 하지만 특별히 과일에 대해서만은 다르다. 익는 속도도 다르고, 무르지 않게 먹을 수 있는 기한도 각각 다른 일고여덟 종류나 되는 과일의 상태를 파악하고 있다. 가령 일주일 후에 점심 약속이 잡히면 그 자리에서 바로 이런 생각을 한다. 안 되는데, 그날 포도를 다 먹지 않으면 상할 텐데, 그리고 절반 남은 그레이프프루트(그 전날 절반을 먹을 예정이므로)가 냉장고에 그대로 있게 되는데, 하고. 그리고 서둘러 계획을 재고한다. 전날 그레이프프루트 대신 포도를 평소의 두 배로 먹고, 자두는 다음 날까지 기다렸다가 그날 먹을 자두와 함께 대여섯 개 먹으면 될 거야.

  주말마다 대량으로 사들이는 과일을 하나도 썩히지 않을뿐더러 가장 좋은 상태에서(이 점이 관건이다) 먹을 수 있다는 사실에 나는 자부심을 느낀다. 과일을 떨어지지 않게 하는 것도 중요(조금은 의존증에 가깝다고 생각한다)하기 때문에, 여행 일정이 잡히면 그야말로 진검 승부다. 일주일이 넘는 여행의 경우에는 밀감류, 잘해야 배 정도가 버틸 수 있다. 골치 아픈 것은 4~5일 정도 되는 여행이다. '검붉어진 자두는 냉장고에 넣으세요', '바구니에 든 복숭아 두 개는 월요일이면 잘 익어 있을 거예요' 등의 메모를 남편에게 남겨야 한다.

남들은 '왜 그렇게까지?' 하고 의문을 품을지 모를 정도로 과일에 정열을 기울이고 있지만, 그런데도 때로 오산이 생긴다. 같이 샀지만 순서대로 익어야 할(각기 차이가 있으니까) 과일이 여봐란 듯이 한꺼번에 익는 경우도 있고, 반대로 익을 것이라고 생각했던 과일이 며칠이 지나도록 익지 않는 경우도 있다. 실제로 자두나 복숭아 중에는 마지막까지 익지 않고 딱딱하거나 파란 상태 그대로 말라버린 예도 간간이 있다. 그럴 때는 정말 슬프다. 게다가 선물로 과일이 들어올 때도 있다. 나눠 먹기도 하지만, 자부심까지 있는 터라 최대한 내가 먹으려 한다. 다 먹지 못하고 남은 것은 잼이나 주스로 만들거나 과자로 만든다. 시간이 허락되는 한.

  아침에 일어나면 바로 '그걸 먹어야겠네' 하고 생각하고, '혹시 그게 다 익었으면 어쩌지' 하고 생각한다. 하지만 그 걱정은 투지가 불끈 솟아 눈이 반짝 뜨이고 온몸과 손발에 힘이 찰랑찰랑 넘실대는, 충실감 있고 미래 지향적이며 의욕적인 감정이다.

병원과 족발

 반년 전쯤부터 의자에서 일어날 때면 한쪽 무릎이 찌릿하거나 시큰해서 "아야." 또는 "아야야." 하고 중얼거렸는데, 순간의 일이라 금방 잊어버렸다. 그러다 순간이 순간이 아니게 되고, 일어나서 한동안은 다리를 질질 끌어야 걸을 수 있게 되었다. 다리를 끄는 시간이 몇 분인 적도 있고, 몇 시간이나 될 때도 있고, 굽이 높은 구두를 신은 날이면 종일 계속되기도 했다.

 어떤 날은 쭈그리고 앉을 수가 없었다. 개 얼굴을 닦아주거나 브러시로 털을 빗을 때, 면봉으로 귀 청소(귀가 처진 개에게는 필수)를 할 때 곤란했다. 한쪽 다리만 세운 꼴로 불안정하게 앉을 수밖에 없었다. 일상 속에서 쭈그리고 앉는 동작이 의외로 중요하다는 것을 알았다.

　나이 든 사람은 보통 '에구구' 하면서 앉거나 일어선다는 것을 어려서부터 보아 익히 알고 있었다. 그런데도 기분이 참 묘했다. 이게 그건가. 내가 그렇게 나이를 먹었나.

　잘 때도 한쪽 무릎을 세우고 자는 날이 많아졌다. 바짝 구부려도 아프지만 쭉 펴도 아팠다. 허벅지가 뻐근하고 발바닥이 저리는 경우도 생겨서, 할 수 없이 동네 병원을 찾아갔다.

　운동이나 부상과는 무관한 인생인 내게 정형외과는 미지의 장소였다. 접수대에 의료보험증을 제출하고 로비에서 기다렸다. 저녁나절이라 어두컴컴한 로비에 나 말고 다른 환자는 없었다. 켜둔 텔레비전에서 아주 작은 소리가 흘러나왔다. 진료실에서 발에 붕대를 감고 지팡이를 짚으며 나온 남자가 의자에 앉았을 때는 긴장했다. 나는 부상당한 사람을 보면 무서워진다. 환자가 별로 없어 금방 이름을 부를 줄 알았는데 좀처럼 누구의 이름도 부르지 않았다. 몸 안이 자글거리며 불안해졌다.

　하지만 내게는 책이라는 행복한 피난처가 있다. 가방에서 번역 미스터리 문고본을 꺼내 읽는다. 단박에 이야기

속 세계로 빨려 들어가야 했는데 그러지 못하고 읽기 시작하자마자 바로 막혀버렸다. 강도가 식료품점에 '잠입'했다고 쓰여 있었기 때문이다. 그런 데다 그 말이 종종 등장했다. '술 가게에 잠입한 것도 그놈일지 모르겠다' 또는 '술 가게에 잠입한 놈은, 주인을 위협하기 위해 한 발 쏴야 했을까?' 등.

보통 잠입이라고 하나. 침입의 오류 아닐까. 하지만 무단으로 잠입한 강도라는 말은 분명히 있고, 난입이라고도 한다. 혹시 텔레비전이나 신문을 보지 않는 나만 모를 뿐, 요즘은 그런 말로 보도를 하는 걸까. 칼을 들고 편의점에 잠입한 2인조 강도, 이렇게?

이름이 불렸을 때 내 머릿속은 '잠입'으로 꽉 차 있었다. 그 말이 옳은지 아닌지를 확인하고 싶은 욕구로.

여의사가 진찰해주었다. 엑스레이를 찍고(내게도 뼈가 있더군요. 처음 보았습니다) 그것을 빛에 비춰 보며 하는 설명을 들어보니 뼈와 뼈 사이의 연골이 마모된 듯했다.

"어떻게 하면 연골을 늘릴 수 있죠?"

그렇게 물었더니,

"한번 줄어든 연골은 늘어나지 않아요."

라고 대답한다.

"하이알루론산을 주사하는 방법도 있지만, 오늘은 일단 진통제와 파스를 처방할 테니 다시 오세요."

그런 말을 듣고 병원을 나왔다.

약국에 가서 약을 사며 생각했다. 한번 마모된 연골이 재생되지 않는다면 진통제를 먹고 파스를 붙여도 무의미하지 않을까.

집으로 돌아와 컴퓨터를 켜보니 일주일 후에 식사하기로 약속한 편집자에게 메일이 와 있었다.

'특별히 먹고 싶은 것 있으세요?'

그렇게 쓰여 있었다. 이런 때는 늘 '맡길게요'라고 대답한다. 거의 편식을 하지 않는 데다 편집자들은 대개 맛있는 가게를 잘 알고 있(는 경우가 많다)으니까. 그런데 이때는 그야말로 하늘의 계시처럼 반짝 떠오른 것이 있어서 '족발! 족발을 먹고 싶어요'라고 답장을 보냈다.

그 꼬들꼬들하고 뭉글뭉글한 살이 틀림없이 무릎에 좋으리라고 생각한 것이다.

그리고 약속 당일, 어정어정 걸어 그 레스토랑으로 갔다(진통제는 몇 번 먹었더니 속이 좋지 않아 복용을 포기했다). 아오야마에 있는 바스크 요리 가게인데, 빵가루를 입혀 구운 족발이 있다고 했다.

"다리가 왜 그러세요?"

나를 본 편집자가 놀란 표정으로 물었다. 그는 큰 키에 호리호리하고 얼굴 생김이 섬세한 남자로, 처음 담당한 이래 친분이 꽤 오래되었다.

"연골이 마모됐대요."

나는 그렇게 대답하고,

"족발을 먹으면 나을지도 모르죠."

하고 덧붙였다. 줄무늬 테이블클로스, 라디오에서는 바스크어인 듯한 말이 흘러나오는 아담하고 푸근한 가게였다. 식욕을 자극하는 허브와 마늘과 구운 고기 냄새가 구수하게 풍겼다.

후덥지근한 밤이어서 와인 대신 시드르를 마셨다. 전채는 양송이버섯 샐러드와 채소 수프.

"가게에 강도가 들어오는 걸 침입이라고 하죠?"

이 사람이 일하는 곳이 신문사(의 출판부)라는 생각이 나서 물어보았다.

"몰래 들어온 강도라서 잠입이라고 하는 건가요? 신문사 사람들은 보통 그렇게 말하나요?"

그는 골똘히 생각하며 잠입, 잠입, 잠입, 하고 세 번을 중얼거렸다.

"아닌 것 같은데요."

그렇게 딱 부러지게 말해주어, 나는 어이가 없을 정도로 안도하고 말았다. 빵가루를 입혀 구운 족발은 정말 훌륭한 맛이었다. 빵가루가 묻은 껍데기는 바삭바삭하고, 탱글탱글하고 꼬들꼬들하고 뭉글뭉글한 속살은 깔끔하면서도 살짝 단맛이 났다. 뽀얗고 동그란 뼈를 하나하나 오물오물 싹 해치웠다. 위아래 입술이 들러붙었고, 손가락도 끈끈해졌다.

가게를 나설 때, 내 걸음은 여전히 어정쩡했다.

"위에 들어간 것이 어째서 무릎으로 간다고 생각하죠?"

그는 그렇게 말하며 피식 웃었지만, 나는 맛있었으니까 됐지 뭐, 하고 생각했다. 그리고 위로 들어간 것이 무릎으로 가려면 다소 시간이 걸릴 뿐일지도 모르니까.

(주. 침입을 잠입이라고도 한다는 것이 훗날 판명되었다.)

김 도시락

도시락을 싸서 밖으로 나가본 지가 꽤 오래되었다. 그런 생각을 했더니 김 도시락이 먹고 싶어 견딜 수 없었다. 밖으로 나갈 예정은 없었지만.

학교에 다닐 때, 엄마가 매일 도시락을 싸주었다. 엄마가 싸주는 도시락은 늘 색감이 소박하고(예를 들면 어묵에 차밥. 엄마는 그 조합을 좋아했다), 도시락이 컸다. 다른 아이들 도시락은 하나같이 작고 이런저런 것들이 올망졸망, 알록달록하게 담겨 있었다. 삶은 계란이 아닌 메추리알이 들어 있기도 하고, 햄버그 크기가 겨우 지름 3센티미터 정도이기도 하고. 방울토마토의 존재를 처음 안 것도 친구들의 도시락을 보고서였다. 진짜가 아닌 것처럼 귀엽다고 생각했다. 그러나 방울토마토가 되었든 뭐가 되었든, 날채소를 도시락에 담는 것은 엄마의 방식이 아니었다. 내 도시락에 담기는 채소라 해봐야 데친 시금치나 까치콩, 절임류나 조림류. 그 역시 어딘지 모르게 색감이 소박했다.

김 도시락을 싸주는 날은 특히 도시락이 크고 묵직했다. 김밥을 좋아하긴 했지만 크기와 무게가 부끄러워서 좀 작은 도시락에 싸달라고 몇 번이나 애원했다. 하지만 엄마는 "그러면 얼마 안 들어가잖아." 하며 들어주지 않았다.

그런 옛일을 떠올리며 두 사람이 먹을 도시락을 쌌다. 김밥의 맛은 식어야 알 수 있다―눅눅하게 젖은 김의 풍미, 겹겹이 담은 밥과 김과 스크램블드에그가 무게와 시간의 작용으로 골고루 섞여 하나가 된 맛―고 생각하기 때문에 오후 일찌감치 만들었다. 화창하게 갠 날 오후, 창밖에서는 물까치 우는 소리가 들렸다.

올여름에는 동네에서 물까치를 흔히 본다. 그것도 공원이나 나뭇가지 같은 데가 아닌 그냥 보도에서. 바로 얼마 전에도 마치 신호가 바뀌기를 기다리기라도 하는 것처럼 횡단보도 옆에 두 마리가 앉아 있었다. 가녀린 몸에 긴 꼬리는 물색이고 정수리는 검은 그 새는 자태는 고와도 목소리는 그리 아름답지 않다. 굵고 뚜렷한 소리로 '쥬이'나 '규이'로 들리는 울음을 운다. '규―'이나 '쥬―' 소리만 나고 '이'가 없는 경우도 있다. 그때는 화라도 난 것처럼 들린다.

 어렸을 때나 지금이나 어쩌다 보니 계속 세타가야에 살고 있는데, 옛날보다 오히려 지금 주택가에서 갖가지 새를 본다. 예를 들어 해마다 봄이 오면 휘파람새가 보이는데, 어렸을 때 나는 옛날이야기나 화투에 등장하는 그 새에 대해 '호오오 호께꾜' 하고 웃기게 우는 새가 정말 있을 리 없다고 생각했다. 옛날에는 있었지만 헤이안 시대쯤에 절멸한 새기 때문에, 사람들이 더더욱 색깔이나 콩이나 전통 과자 이름으로 사용하며 기리는 것이라 생각한 것이다.

 새뿐 아니라 나비도 그렇다. 옛날에―35년 전쯤―집 주위에서 흔히 보이는 나비는 부전나비였다. 조그맣고 날개가 엷은 보라색인 그 나비를 무척 좋아해서 잡는 놀이를 곧잘 했다(잡았다가 금방 놓아주니까 나비에게 타격을 준다는 생각은 들지 않았는데, 물론 큰 타격이었을 것이다). 해 질 녘, 무리 지어 핀 제비꽃 사이로 숨어든 부전나비는 정말 구별할 수 없었다. 가만히 서서 뚫어져라 쳐다보며 기다리다가 나비를 알아보게 되는 그 순간을 좋아했다. 아주 순간적으로 구별되며 시야에 들어오지만 그 순간은 금방 지나가 버린다. 다시 눈에 힘을 잔뜩 주고 기다린다. 그렇게 몇 번을 하다 보면 어느 틈에 해가 지고 말았다.

부전나비 다음으로는 배추흰나비가 많았다. 그다음은 노랑나비, 그다음은 호랑나비. 호랑나비는 보기가 쉽지 않았다. 하지만 요즘은 그 반대다. 적어도 지난 10년, 이 동네에서 가장 많이 볼 수 있는 나비는 호랑나비다. 노랑나비와 배추흰나비는 간혹 보이고, 부전나비는 전혀 볼 수 없다. 이유는 모르겠지만, 작은 생물의 분포도가 변한 것이리라 생각한다.

이야기가 옆길로 새고 말았다.

휘파람새 소리를 들으며 오랜만에 김 도시락을 만들던 나는 계란 사용량 때문에 놀랐다. 도시락에 몇 단 깔기 위해 스크램블드에그를 만드는 데 이렇게 많은 계란이 필요하다니. 2인분을 만드는 데 여섯 개나 들었다.

밥, 김, 스크램블드에그를 차례대로 세 번씩 담고 뚜껑을 절반쯤 비스듬히 닫아둔다. 뜨거운 김이 좀 빠지면 뚜껑을 꼭 닫고, 그다음은 밤이 되기를 기다릴 뿐.

저녁때, 늘 오는 생선 가게(냉장 케이스와 수도까지 완비한 경트럭. 생선을 사면 그 자리에서 손질해준다)가 왔기에 주인아저씨가 권하는 대로 붉은 쏨뱅이라는 생선을 사서 된장국을 끓였다. 붉은 쏨뱅이는 쏨뱅이와 비슷하지만 다른 생선이고, 야마구치 현에서 잡힌다고 한다.

그 외에 안주랄까, 반찬을 몇 가지(연어구이, 곤약조림, 당근 샐러드) 만들었는데, 어디까지나 김 도시락을 주체로 여긴 상차림이다 보니 죽 늘어놓아도 조촐하기 짝이 없었다.

저녁으로 이렇게 차가운 도시락을 먹어도 과연 괜찮을까. 그런 우려가 그제야 떠올랐다.

"오늘 저녁은 김 도시락인데……."

그렇게 말을 꺼내자,

"왜?"

하고 남편이 물었다. 남편은 무슨 일이든 먼저 이유를 묻는 버릇이 있다. 그러고는,

"아, 월드컵 하니까 그랬나."

하고 내가 대답하기도 전에 스스로 그렇게 결론 내리고 말았다.

"그렇다고 하지 뭐."

월드컵과 김 도시락 사이에 무슨 관계가 있는지는 모르겠지만 그렇게 대답했다. 그리고 메뉴가 조촐한 대신 술은 호사스럽게 마시자 싶어 샴페인을 땄다. 샴페인이 그 저녁 메뉴에 의외로 잘 어울렸고, 김 도시락도 맛있었다.

그리고 인생은 계속된다

 손질을 게을리한 탓에 수풀처럼 변했던 마당이 열하루 동안의 여행에서 돌아와 보니 밀림 같은 꼴을 하고 있었다. 이름은 모르지만 줄기 굵기가 2센티미터나 되는 데다 커다란 이파리가 무성하고 자잘한 연녹색 꽃송이가 잔뜩 매달린 튼튼하고 끈질긴 식물이, 어디서 왔는지 세 그루나 불쑥 출현해 내 키만큼 자라 있었다. 사방팔방으로 뻗은 줄기가 안 그래도 좁은 마당(건물에서 울타리까지)을 벗어나 거실 유리문에까지 닿아서, 무성한 이파리가 거실 유리문을 거의 뒤덮고 있었다. 실내에서는 그 초록 이파리밖에 보이지 않았다. 이 식물을 뽑아내기보다는 도끼로 가지를 잘라버리고 싶은 마음이 굴뚝같았지만 정작 내게는 도끼가 없었다.

이번 여행에서 다녀온 곳은 포르투갈 중에서도 스페인과의 국경 지대에 가까운 지방으로, 테마는 '애그리투어리즘'이었다. 그 고장 사람들이 예로부터 먹어온 '소울 푸드'를 찾아다니는 여행.

나는 외국에 나가도 딱히 일본 음식이 그립지 않다. 물론 거주한다면 얘기가 달라지겠지만, 여행으로 가는 한은 한 달이든 두 달이든 별 문제 없다(뱀이나 벌레, 도토리를 먹는 곳은 빼고). 정체가 불분명한 일본식보다 그 고장 사람들이 일상적으로 먹는 음식들이 훨씬 더 맛있을 테니까.

정말 맛있었다. 알렌테주의 음식은 오래 조리는 경우가 많고, 양이 넉넉한데도 느끼하지 않았다. 어떤 음식이든 기본적으로 짜다는 단점이 있지만, 질 좋은 올리브 오일과 마늘, 고수와 오레가노Oregano로 낸 맛은 소박하면서 부드러웠고, 대구나 정어리 같은 생선도 많이 먹을 수 있었다. 걱정했던 과식에서 오는 피로감—나는 시골이 두렵다. 너무도 웅대한 자연과 사람들의 선의(도시의 그것과는 종류가 다른, 시골 사람들만이 지닌)를 접하면 어쩔 줄 몰라 이성을 잃고(원래도 별로 없지만), 거절하지 못한 채 권하는 족족 먹고, 먹으면 먹을수록 선의로 가득한 사람들은 또 권하는 사태를 쉬 상상할 수 있기 때문이다―도 이성을 잃은 나머지 전혀 느끼지 못했다. 매일 햇볕이 쨍쨍 내리쬐는 데다 기온이 40도에 가까웠다는 사실도 이성을 상실하는 데 박차를 가했다고 생각한다. 지나치게 강렬한 햇살은 사고 능력을 앗아간다. 주위에는 그늘 하나 없는 밭과 초원과 외길뿐. 선크림을 바르기는 했지만, 너무 건조한 나머지 피부가 가칠해지면서 껍질이 벗겨졌다.

여행이 끝났을 때 내 혼이 거의 빠져 있었던 것은 너무 먹어서가 아니라 대자연과 사람들의 선의 때문이었다. 비행기가 경유하는 뮌헨의 널찍하고 도회적인 공항에 도착하고 나서야 겨우 평상시의 정신 상태로 돌아왔.

태양이 작열하는 포르투갈에서 왔는데, 나리타 공항에서 한 걸음 밖으로 나서는 순간 처음 느낀 것은 '우와, 덥다'였다. 이 습기. 일본은 장마철이었던 것이다.

아침에 나리타에 도착하는 비행기여서 점심때는 이미 집에 도착해 있었다. 장마철에 집을 열하루나 비운다는 것은, 실내 공기가 눅진눅진해지고 마당이 볼썽사나운 정글로 변하고 욕실에 곰팡이가 끼고 쓰레기가 악취를 풍긴다는 것을 의미한다. 또 장마철과는 상관없지만, 집 안은 온통 먼지 투성이에 빨래와 우편물은 산더미처럼 쌓여 있고 부재 중 택배 딱지도 여러 개가 붙어 있다. 팩스 종이가 어지럽게 널려 있고, 수반에 꽂힌 꽃은 시들다 못해 썩어가고 있다.

그런 현실 앞에 넋 놓고 있을 수만은 없어서, 우선 온 창문을 활짝 열었다. 세탁기를 돌리고 침대에서 시트를 벗겨내고 쓰레기를 정리해 밖에 있는 쓰레기 함에 내버린다. 냉장고 안은 당연히 텅 비어 있어서, 남편과 점심을 먹으러 나갔다.

집에서 차로 10분 거리에 있는 그 메밀국숫집은 시간이 다소 늦은 덕인지 토요일인데도 한산했다. 일품요리 종류가 매우 풍부한 가게로, 정종도 여러 가지 갖추고 있다. 기내식을 먹지 않은 나는 고마울 정도로 배가 비어 있었다. 메뉴판을 몇 분이나 주의 깊게, 열렬하게 바라보며 이것도 먹고 싶고 저것도 먹고 싶은데, 하고 망설인 끝에 양태 회와 유바[1], 훈제 오리, 계란 노른자 된장 절임과 수염 달린 옥수수 구운 것을 잇달아 주문해 나오는 족족 먹어치웠다. 그리고 나는 냉메밀을, 남편은 참기름 양념 우동을 먹고, 그

---

1 두유를 끓이면 생기는 엷은 막으로 만든 음식.

러고도 모자라 김 뿌린 판 메밀을 추가 주문해 절반씩 나눠 먹었다. 남편은 나의 식욕에 기겁하는 눈치였다.

가게에서 나오니 비가 내리고 있었다. 싸늘한 비 내음을 맡자 기온 40도의 시골길도 강렬한 햇살도 소금과 마늘과 올리브 오일과 허브의 나날도 선의에 넘치는 알렌테주 사람들도 한없이 멀어지고 말았다.

식료품을 사 들고 맡겨두었던 애완견을 찾으러 동물 병원에 갔다. 개에게 신장병이 있다는 사실이 새로 밝혀져 식이 요법도 배웠다.

저녁 반찬으로는 말린 쏨뱅이를 구웠다. 점심을 늦게 먹은 탓에 배는 조금도 고프지 않았지만, 위보다는 혀의 욕구에 이끌려 전갱이덮밥과 오이 샐러드도 만들어 먹었다. 좋아하는 음식을 먹을 수 있다는 것은 얼마나 멋진 일인지. 여행지에서 만난 음식은 하나같이 정말 맛있었고, 현지에서는 다른 음식을 먹고 싶다는 생각을 조금도 하지 않았다. 그런데도 내일 아침에는 과일을 실컷 먹어야겠다고 생각하고, 평소에는 아무것도 먹지 않는 점심때도 뭐든 먹어야(시원한 중화면이 좋겠다)겠다고 생각하고, 밤에는 키마 카레를 만들어야겠다고 생각한다. 생각만 해도 신이 났다.

그 생각들을 전부 실행에 옮긴 결과, 나는 음식 취재차 떠난 외국에서도 느끼지 않았던 과식 후의 피로감을 내 집에서 느끼고 말았다.

버터밀크의 수수께끼

어렸을 때 읽은 외국 이야기들 속에는 잘 모르는 음식이 이것저것 많았다. 요크셔푸딩, 티티새 파이, 감초 사탕, 크럼피트 등. 잘 몰라도—라기보다, 모르기 때문에 멋대로 상상했다—그 맛과 냄새와 색깔과 모양과 특성을 충분히 음미할 수 있었고, 그것들은 '아주 좋은', 내 주위에 있는 실제 먹을거리와는 위상이 다른 '빛나고 맛있는' 음식이었다.

어른이 되어 그 대부분을 실제로 먹어보았고, 먹어보지 못한 것도 요리책이나 사진집, 또는 영화나 텔레비전, 외국의 길모퉁이에서 보고 어떤 음식인지 이해했다. 하지만 버터밀크만큼은 수수께끼였다.

책 이름이 금방 떠오르지 않는데, 조금 오래된 어린이

책에 버터밀크가 종종 등장했다. 그것은 우선 마시는 것이다(책 속에서 아이들이 꼴깍꼴깍 마신다. 맛있게, 소리까지 내면서). 그 앞에 종종 '신선한'이나 '갓 짠'이라는 형용사가 붙어 있기도 했다. 그러니 밀크를 사용한 음료인 것은 확실한 듯했다. 거기까지만 알 수 있었다.

버터밀크라는 것으로 보아 버터가 들어 있나 보다고 생각했다. 버터밀크 맛 사탕이나 스낵은 버터와 밀크 맛, 둘 다 나니까.

그런데 일이 있어 20년 만에 로라 잉걸스 와일더의 작품을 다시 읽어보다가 내가 크게 착각하고 있었다는 것을 알았다. 버터밀크는 『초원의 집』 1권에 등장하는데, '우유 위에 엉기는 크림'을 '길쭉한 도자기 사발'에 넣어, '긴 나무 막대기'로 여러 번 찧는다. 그렇게 '오래 하다 보면, 자잘한 알갱이로 변한다'. 더 오래 계속 찧으면 사발 속에 '금색 덩어리'가 출현한다. 그 덩어리를 꺼내서 차가운 물에 여러 번 씻은 다음 소금을 섞은 것이 버터고, 그때 사발에 남은 액체가 버터밀크였다. 그러니 크림에서 버터를 추출한 후의 얇은 액체인 셈이다(아마도 약간 미지근할 것 같다). 그런 게 무슨 맛이 있으려나 싶다. 하지만 이야기 속에서 엄마가 모양 틀로 버터를 꼭꼭 찍어내는 작업을 흥미롭게 지켜보던 어린 자매에게('조그만 금색 버터 덩어리가 톡톡' 떨어진다) '작업이 끝나'고 나면 '한 잔씩 주었다'는 그 버터밀크는, 사뭇 청량하고 소박하고 맛있는 음료 같다.

로라 잉걸스 와일더의 자전적 생활 기록이라고도 할 수 있는 이 시리즈(전 9권)에는 이 외에도 '소금에 절인 돼지고기'와 '옥수수빵' 등의 맛있는 먹을거리가 많이 등장한다. '대구 그레이비'와 '토끼고기 스튜', '초원 뇌조고기', '갓 구운 조니 케이크'. 정말이지 이야기 속에 등장하는 먹을 것들은 왜 이렇게 빛나고 좋아 보이는지 모르겠다.

버터밀크 얘기로 돌아가자. 나는 원래 우유를 싫어한다. 버터는 좋아하지만 버터를 마실 마음은 없는데도 버터밀크가 맛있을 것 같다고 생각하는 나 자신이 아무래도 이해가 안 간다.

소고기 버터구이란 것이 있다. 살아 계실 때 엄마가 간혹 만들어주셨다. 하지만 나는 버터는 좋아하면서도 그 음식은 좋아하지 않았다. 버터는 굽거나 볶는 요리에 쓰면 지방의 풍미가 날아가 느끼해진다고 생각했기 때문이다. 시금치나 양상추 등의 채소나 닭고기 또는 흰 살 생선이라면 몰라도, 안 그래도 기름기가 있는 고기를 동물성 버터에 굽다니, 하고 생각했던 것이다.

그런데.

이시이 모모코의 『환영의 붉은 열매幻のい朱實』라는 책을 읽은 후로는 불쑥불쑥 그것이 몹시 먹고 싶어진다. '소고기 버터구이'는 여자 주인공과 그녀의 여자 친구가 '분발'하고 싶을 때나 기운을 북돋고 싶을 때, 서로를 격려하고 체력을 보충하고 싶을 때 먹는 음식으로 꽤 자주 등장한다. 몸이 안 좋을 때도(회복을 위해서) 먹어서 놀랐는데, 일리가 있다고 생각되고 상당히 맛있을 것처럼 보인다. 몸이 원하는 듯한 느낌. 아마도 소설의 시대적 배경이 1900년대 중반이라는 것과 관계있지 않을까 싶다. 시대의 분위기.

여자가 공부를 하거나 직업을 갖는 것이 지금보다 훨씬 어려웠던 시대에 두 여자는 각각의 방식으로 배우고 돈을 벌고 전쟁에서도 살아남는다. 주위와 타협하거나 타협하지 않으면서, 가정을 갖거나 갖지 않으면서, 서로가 서로를 (인텔리인 데다 유머 감각도 풍부한 두 여자, 너무 가깝지도 너무 멀지도 않은 적절한 거리를 유지하면서) 지켜주는데, 이 사람들이 툭하면 고기를 먹는다. 소고기 버터구이뿐만 아니라 비프스테이크도 먹고 리버 페이스트도 먹고. 순수하고 기쁜 마음으로 음식을 먹는 그녀들의 모습은 가슴이 두근거릴 만큼 관능적이다. 성애와는 전혀 무관한, 이른바 생명의 관능.

　마셔본 적 없는 버터밀크나 싫어하는 소고기 버터구이 역시 내게 큰 영양이 되었으리라 생각한다.

쇼와 시대의 설탕

 지금도 가끔 과자를 굽는다. 하지만 정말 가끔뿐이다. 옛날에는 꽤 자주 구웠다. 맛이 아니라 구울 때 온 집 안에 퍼져 자욱해지는 냄새를 좋아했다. 아마도 그 냄새 때문에 열심히 과자를 구웠던 것 같다. 요즘은 별로 굽지 않는다. 과자가 구워질 때 오븐에서 풍기는 그 따스하고 달콤한 냄새를 맡으면 물론 행복하다. 하지만 한번 밴 냄새는 좀처럼 사라지지 않기에, 냄새에서 벗어나지 못하고 갇혀버릴 듯한 위협을 느끼기 때문이다.

 그런데 얼마 전 버찌를 한 아름 받은 터라 클라푸티를 구웠다. 클라푸티는 과일 그라탱이라고 표현하면 좋을까, 밀가루가 든 구운 푸딩 같은 과자로 간단하고 손쉽게 만들 수 있다.

아, 또 그러네.

만들기 시작하고 이내 깨달았다. 가끔이지만 과자를 구울 때면 나는 설탕을 기억하고 있는 레시피보다 훨씬 적게 넣어 반죽을 만든다. 내 입맛의 변화 때문이기도 하지만 그 전에 시대에 따른 미각의 변화 아닐까 하는 생각도 든다.

10대였을 때 제과 서적으로 이런저런 과자 만드는 법을 익혔다. 어느 책에나 과자는 '재료의 양을 정확하게 재는 것'이 중요하다고 쓰여 있어서 그렇게 했다. 몇 번씩 만든 것은 지금도 책에 쓰여 있던 그대로 설탕량을 기억한다. 동그란 모양이나 모서리가 둥근 네모 모양, 천사 모양, 조개 모양 등의 차이는 있어도, 직경(모서리가 둥근 네모 모양은 직경이라 할 수 없겠네요. 뭐라고 해야 하나, 변?)이 대개 20센티미터 전후인, 가정에서 일반적으로 사용하는 케이크 한 개분에 120~160그램의 설탕이 들어간다.

예를 들면 각 재료의 양이 똑같아서 기억하기 쉬운 '카트르 카르'라는 이름의 과자가 있다. '카트르 카르'는 프랑스어로 4분의 1짜리가 네 가지라는 뜻(사실인지 아닌지는 잘 모른다. 하지만 어떤 책에 그렇게 쓰여 있었다)인데, 버터와 설탕과 밀가루와 계란을 같은 분량(150그램)씩 섞어서 굽는다. 설탕을 그렇게 많이 넣다니 과연 쇼와 시대였다고 생각한다. 그렇다. 나는 쇼와 시대에 소녀 시절을 보냈다.

책에 실린 재료의 양은 저자(과자 연구가나 파티시에)에 따라 다르기 때문에 한마디로 말할 수 없지만, 그래도 요즘 레시피의 설탕량이 평균적으로 훨씬 적다.

지금 내가 보고 있는 가장 오래된 책(『보면서 내 손으로 만들 수 있는 케이크와 쿠키』, 오사토 도시코, 초판 발행은 1972년 1월)과 비교적 최근에 나온 책(NHK 오늘의 요리 시리즈 『후지노 마키코의 비장의 과자』, 초판 발행은 1998년 10월)의 스펀지케이크 만드는 법을 비교해보면, 설탕량이

전자는 150그램, 후자는 90그램이다. 『저울이 필요 없는 과자 만들기』 (모토야 에쓰코, 초판 발행은 2000년 5월)에는 스펀지케이크에 필요한 설탕량이 한 컵으로 되어 있는데, 그램으로 환산해보면 약 100그램.

물론 어느 쪽이 좋다 나쁘다를 말하려는 것은 아니다. 다만 그렇게 설탕을 많은 쓴 것을 보면 역시 쇼와였구나, 하고 생각할 따름이다. 쇼와는 설탕의 시대였다.

그레이프프루트란 과일은 절반으로 자른 다음 숟가락으로 떠먹기 쉽게 과육 주위(또는 방사선 모양으로 몇 등분)에 칼집을 넣어 설탕을 듬뿍 뿌려 먹는 것으로 알았고, 딸기는 설탕을 뿌리고 우유를 부어(딸기를 짓이겨 우유가 분홍색으로 물든 후에) 먹는 것이라고 생각했다. 그렇게 먹기 위해 끝이 삐죽빼죽한 그레이프프루트용 숟가락도 있었고, 바닥이 평평한 딸기용 숟가락(대부분 딸기 모양이 찍혀 있었다)도 있었다.

어떤 집에 놀러 가면 보리차에 설탕을 타주기도 했다. 애들이라고 그렇게 해주는 것이 아니라 그 집에서 보리차는 당연히 설탕을 타 마시는 것이었다. 설탕을 뿌리지 않은 토마토는 못 먹는다는 친구도 있었다.

그러고 보니 전에 만난 음악 평론가 다치카와 나오키 씨(큰 키에 호리호리한 체형, 하얗고 풍성한 머리칼을 어깨까지 늘어뜨렸고, 몸짓이며 말투며 웃는 얼굴까지 모든 것이 느긋하고 우아한 남자)는 어렸을 때, 삶은 계란은 설탕을 뿌려 먹는 것이라고 '믿어 의심치 않았다'고 했다. 소금 뿌린 삶은 계란을 처음 먹었을 때는 '충격 때문에 토하고 말았다'고 한다.

그때까지 삶은 계란과 설탕이란 조합은 생각해본 적이 없었는데, 시도해보니 의외로 맛있었다. 굳이 계란 소면이나 계란찜빵, 카스텔라 등을 예로 들 필요도 없이 계란과 설탕은 궁합이 잘 맞는다.

선물로도 설탕은 지금보다 많이 유통되었던 것 같다. 어린 시절, 분홍과 하양, 장미 모양 각설탕에 감명을 받았다. 한번은 커다란 깡통에 든 그래뉴당을 선물받았는데(물론 내가 아니라 우리 부모님이), 뚜껑을 열었을 때 하얗게 반짝거리는 그 풍성한 설탕의 호사스러운 모습에 그만 황홀해지고 말았다. 뚜껑에 그려진 제비꽃 그림도 기억하는 것을 보면 그 깡통과 내용물이 어지간히 인상적이었나 보다.

지난 글에는 소고기 버터구이에 대해 썼는데, 쇼와 시대의 알기 쉽고도 맛난 음식 하면 소고기와 설탕이었다.

그런 생각을 하면서 설탕량을 줄여 구운 클라푸티는 버찌를 통째로 집어넣어 구워서 과즙이 반죽으로 흘러나오지 않고 부드러운 과육 속에 고스란히 남아(대신 반죽에는 버찌 리큐르를 섞었다) 따끈따끈 맛있었다.

콜드미트

콜드미트를 좋아한다. 햄이나 런천 미트 소시지, 시원한 슬라이스 로스트비프 등. 콘비프와 도리와사[1], 훈제 소 혀도.

뜨끈뜨끈한 고기 요리도 물론 맛있지만, 콜드미트에는 뭐랄까 옛 친구를 만난 듯한 푸근함이 있다. 그래서 그만 마음을 허락하고 만다. 언제 먹어도 좋다. 배가 부르거나 더부룩해지지 않는다. 그리고 더 좋은 점은 콜드미트의 냉담함이랄까 매정함, 예의 바름이다. 옛날 친구이기는 하지만 과도하게 반가운 척하지 않는다. 친근하게 굴지 않으므로 성가시지도 않다.

낮에, 과일만으로는 좀 허전하다 싶으면 종종 콜드미트

1 닭 가슴살을 살짝 데쳐 고추냉이와 간장으로 양념한 것.

를 먹는다.

  콜드미트는 촉촉하다. 조심스럽다. 하지만 가공된 고기 자체의 맛도 나고 씹는 맛도 있다. 양념으로 가미된 것—후추면 후추, 훈제 칩이면 훈제 칩, 피망이면 피망, 콩소메면 콩소메—의 풍미가 소박하지만 충분히 그 역할을 다한다. 심플하고, 정말 알기 쉬운 맛.

  보통 먹는(뜨거운) 고기 요리처럼 김이 오르거나 연기가 나거나 냄새가 퍼지거나 지직, 주죽, 부글부글 하는 소리가 나거나 육즙이 흘러나오거나 입안에서 살살 녹거나 하지 않기 때문에 오감이 혼란스럽지도 않다. 오감의 평정을 유지한 채로 그 맛을 음미할 수 있는 콜드미트를, 나는 정말 옛 친구인 것처럼 느끼고 만다. 물론 낮에는 그렇다는 얘기지만.

  그렇다면 밤에는, 오감을 어느 정도 동원할 수 있는지가 승부의 관건이다(무슨 승부일까, 무엇과의 승부일까, 수수께끼다).

  뜨거운(또는 따뜻한) 고기 요리를 몸에 담으려면 체력이 필요하다. 기력도. 그리고 그 체력과 기력은 어린아이들은 쉬이 소유할 수 없는 것이라고 나는 생각한다. 연애에라도 빠져 있지 않는 한, 어른이라도 그런 에너지를 일상적으로 유지하기는 어렵다.

  누군가―가족이나 좋아하는 친구, 좋아하는 동료―와 식사를 할 때만 내 몸에서 그런 에너지가 샘솟는다. 그래서 오감의 혼란을 야기할 위험도 감수한다. 어른이니까, 용감하게, 무모하게.

  반대로 콜드미트는 옛날부터 용감하거나 무모하지 않은 어린애였던 내 몸에도 소리 없이 녹아드는 좋은 것이다.

  훈제 소 혀를 처음 먹었을 때를 기억한다. 수입 제품이었다. 상자를 열고 새틴 한가운데 아름답게 얹혀 있는 물체를 본 엄마는 얼굴을 찡그렸다. 초등학생이었던 내가 옆에서 "이게 뭐야?" 하고 묻자 "소 혀야." 하고 사뭇 난처하다는 말투로 대답하고는, "그래도 반주 안주로 내놓으면 아빠가 먹어주겠지." 하고 거의 자신에게 말하듯 중얼거렸다. 엄마는 그 물체를 냉장고에 넣는 것조차 꺼림칙하다고 여기는 듯했다.

  내가 조금 먹어보면 안 되느냐고 물으니 엄마는 움찔 놀라며 잔인하다고 말했다. 그런데도 조금 잘라 맛을 보여주었다. 나는 말도 나오지 않고 표정도 없어질 정도로, 너무 놀라 오줌을 찔끔 지릴 정도로 그 음식에 감격했다. 세상에 이렇게 맛있는 게 있었어, 하고 생각했다.

앤드루 랭이 쓴 『프리지오 왕자Prine Prigio』라는 동화 속에서 주인공인 프리지오 왕자는 용을 물리치기 위해 길을 떠난다. 출발하는 장면은 이렇다. '왕자는 천리를 갈 수 있는 구두를 신고, 몸을 숨길 수 있는 모자를 쓰고, 마법의 칼을 허리에 차고, 두껍게 썬 빵과 차가운 소 혀를 주머니에 담아 힘차게 어깨에 둘러멨습니다. 배가 고프면 전투를 치를 수 없으니까요'(후쿠모토 유미코 옮김).

오래도록 품절이었던 이 재미나는 동화가 얼마 전 새로운 번역으로 복간되었다. 오랜만에 다시 읽어본 나는 이 장면에서 반갑게 고개를 끄덕였다. '차가운' 소 혀.

완벽하게 조화로운 준비물 아닌가. 목숨을 건 모험을 떠날 때 필요한 것은 천리를 가는 구두와 몸을 숨길 수 있는 모자와 마법의 칼과 두껍게 썬 빵과 차가운 소 혀일 것이다. 전자 세 가지는 마법의 힘을 갖추기 위한 특별한 것이지만, 후자 두 가지 역시 그에 못지않은 존재감을 지니고 있을뿐더러 마법의 힘으로도 채울 수 없는, 살아 있는 육체가 필요로 하는 것을 더할 나위 없는 질과 양으로 충족시켜주는 식품이다.

얇게 썬 빵으로는 부족하다 느껴지고, 갓 구운 소 혀나 뭉글뭉글하게 찐 소 혀, 파 채를 넉넉하게 올리고 레몬즙을 뿌린 소 혀는 역시 든든함과 참맛이 덜하다.

이런 장면에서는 반드시 콜드미트여야 한다. 프리지오 왕자는 홀로 고독하고 늠름하게 여행을 떠나니까. 배가 고프다고 해서 누군가와 함께 즐겁게 식사할 수 있는 것이 아니다. 가엾게도.

나는 콜드미트를 좋아하지만 다른 이들과 함께 뜨거운 고기 요리도 먹을 수 있는 어른이 되어 다행이라고 생각한다. 일주일 전 밤에 불꽃놀이가 있어서 남편과 둘이 지금은 동생이 살고 있는 친정집에 갔는데, 놀랍게도 동생의 남자 친구가 소 혀를 구워주었다. 더욱 놀라운 것은 동생이 득의양양한 표정으로 그 자리에서 바로 파를 채 치기 시작했다는 사실.

"이 집에서 소 혀 굽는 거 처음 아닌가?"

"엄마는 그런 거 싫어했으니까."

동생과 그런 대화를 나누며 맥주를 마셨는데, 이럴 때는 특히나 다행이라고 실감한다.

여름휴가, 우동, 그리고 스도쿠

지금 우리 집에는 엔도와 오니즈카가 있다. 그 외에 나카오라는 것도 있는데 지금은 떨어졌다. 무슨 얘기냐 하면, 우동이다. 엔도 모모, 오니즈카 모모, 하고 만든 이의 이름이 박력 넘치는 검은 글자로 라벨에 쓰여 있는 우동 시리즈도 참 맛있다. 처음에는 동네 슈퍼마켓에서 사다 먹었지만 지금 그곳에서는 이 시리즈를 취급하지 않는다. 그래서 몇 년 전 히로오에 있는 메이지야에서 재회(?)했을 때는 정말이지 반가웠다. "어머, 엔도!", "아, 나카오도 있네!", "오니즈카, 이런 데 있었어!" 하나하나 손에 들고 가슴속으로 불러보았다. 우리 집에서는 그 이름이 만든 이가 아닌 우동 자체의 이름으로 정착해 있기 때문이다. 이름이 붙으면 친근감도 더해진다.

얼마 전까지만 해도 도쿄에는 우동 가게가 지금에 비해 많지 않았고, 우동은 집에서 먹는 음식이라는 인식이 컸다. 그래서 내가 우동 가게라는 곳의 존재를 의식하기 시작한 것은 어른이 되어 이곳저곳을 여행하기 시작한 후다. 주로 서쪽으로.

『좌안』이라는 소설을 쓸 때 후쿠오카로 취재 여행을 자주 갔다. 생선회와 샤브샤브, 라면과 전골과 교자. 후쿠오카는 정말 맛있는 음식이 많은 고장이다. 그런 곳에 취재를 빌미로―랄까, 취재차―갈 수 있어 즐거웠다. 후쿠오카에 가면 반드시 한 번은(많으면 두세 번) 꼭 가는 가게가 바로 우동 가게였다. '가로노롱'이라는 묘한 이름의 조그만 가게인데, 이 가게의 우동은 언제 먹어도 몇 번을 먹어도 그 맛과 풍미가 실로 완벽했다. 차분하고 자연스럽고 깔끔한 맛.

고쿠라 역에서 파는 우동도 그 맛이 훌륭했다. 역이나 선착장, 차량을 기다리는 장소에서 파는 우동은 맛이 있다고 누가 가르쳐주어서, 기회가 있을 때마다 시식해본다.

하던 얘기로 돌아가서, 엔도는 쇼도 섬의, 오니즈카는 시

마바라의, 나카오는 반슈의 건면이다. 나는 쫀득쫀득한 우동보다 술술 넘어가는 우동을 좋아하기 때문에 생면이 아닌 건면을 주로 산다. 건면을 정성스럽게 삶아 차가운 물에 헹군 다음, 시원한 장국이나 뜨끈한 장국에 찍어 먹든지 따끈한 국물에 유부를 띄워 먹는다.

하지만 오늘은 여름휴가라 집에 있는 남편과 히키즈리 우동을 해 먹었다. '히키즈리 우동'은 남편 고향인 야마가타의 우동으로, 삶은 우동을 낫토와 계란과 쪽파와 간장을 섞은 양념장에 찍어 먹는 것이다. 먹다가 역시 야마가타 특산품인 푸른 채소 절임을 넣으면 상큼해서 더 맛있어진다.

이렇게 먹는 우동의 단점은 갑자기 배가 부르다는 것. 맛은 있지만 모르는 사이에 배가 불러 힘겨워진다. 그래서 '히키즈리'를 먹은 후에는 휴식을 취한다. 남편은 텔레비전을 보고, 나는 요즘 푹 빠져 있는 스도쿠를 풀었다.

아홉 개의 숫자로 여든한 개의 네모를 메우는 이 퍼즐은 아주 오래전에 유행이었다는데, 나는 전혀 몰랐다. 처음 안 것은 노르웨이에 갔을 때. 내 책을 한 권 번역 출판한 출판사 사람에게 "우리 출판사는 일본 작가 책을 몇 권 출판했는데, 가장 잘 팔리는 건 뭐니 뭐니 해도 스도쿠입니다." 하는 소리를 들었던 것이다. 스도쿠? 무슨 소리인지 전혀 알 수 없었다. 옛날 천황 이름[1]인가 했다. 발음이 약간 다르긴 하지만 상대는 외국 사람이니까. 그게 7~8년 전 일이다.

그리고 얼마 지나 비행기를 탔더니 기내 잡지에 그 퍼즐이 있었다. 그래서 도전해보았는데, 순식간에 목적지에 도착하고 말았다. 그 후로 비행기를 탈 때면 공항에서 스도쿠 몇 권을 산다. 전 세계 대부분 공항에서 팔고 있다.

그러다 보니 사방에 스도쿠 책이 나뒹군다. 비행기를 탈 때마다 사지만 기내가 아니면 하지 않기 때문이다. 지난달, 이왕 있으니 집에서도 해보자고 생각했다. 그리고 지금은 푹 빠져 있다. 스도쿠의 좋은 점은 신기할 정도로 집중하게 된다는 것. 너무 집중한 나머지 배가 출출해지는 것도 잊고 만다.

"숫자 공부 하는 거야?"

히키즈리를 먹고 서재에서 스도쿠를 하고 있었더니, 내가 숫자에도 퍼즐에도 서툴다는 것을 아는 남편이 놀렸다.

"공부가 아니라 쉬는 거야."

그렇게 대답하자 무슨 생각을 했는지 갑자기 산수 문제

---

1 스도쿠 천황.

를 내기 시작했다.

"4 빼기 3은?"

"51 더하기 46은?"

초등학교 1학년 수준의 문제였다.

"당신, 내가 바본 줄 알아?"

그렇게 말하고는 제대로 할 수 있다는 것을 보여주기 위해 일단 "1.", "97." 하고 대답했다.

"그럼 105 나누기 5는?"

"26 곱하기 12는?"

그런데 남편이 "4 나누기 3은?" 하고 물었을 때는 대답이 막혔다. 나는 잠시 생각하고서 "떨어지지 않잖아." 하고 대답했다.

"왜 안 떨어져?"

"안 떨어지지. 음, 1.3 하고 약간 남잖아."

남편이 히죽 웃으며 대답했다.

"답은 3분의 4야."

"뭐?"

나는 화를 냈다. 전혀 납득이 가지 않았기 때문이다.

"나눠떨어지지 않잖아. 3분의 4라니, 뭐의 3분의 4라는 거야."

　내게 분수는 전체량을 알 수 있을 때만 의미를 지닌다. 식빵 한 쪽을 6분의 1 두께로 자른다든지, 딸기 열 개를 2분의 1씩 먹는다든지. 전체량을 알 수 없는데 분수로 나타내봐야 의미가 없지 않은가.

　나는 그렇게 내 주장을 펼쳤다. 어째 여름방학 수학 숙제 같다는 생각에 우습기는 했지만, 이 분수는 도무지 납득이 가지 않았다. 하지만 남편은 우월감이 담뿍 담긴 목소리와 표정으로 이렇게 말하고는, 낫토 냄새가 떠다니는 아래층으로 내려가 버렸다.

　"스도쿠나 열심히 해."

비바, 마사지

 몸이 마사지를 간절하게, 간절하게 원해서 어제저녁 과감하게 집을 나섰다. 왜 과감하게 나서야 했느냐면, 물론 꼭 써야 하는 원고가 있어서였다. 하지만 그냥 버티기에는 온몸이 너무 축 처지고 머릿속에는 담배 연기만 꽉 차 있는 듯해서, 쓰고 싶어도 쓸 수 없다는 이유를 스스로에게 늘어놓으며 식사 약속도 있으니 나가는 길에 90분만이라고 정하고 나갔다.
 금방이라도 소나기가 쏟아질 듯 구름 낀 하늘에 매미가 요란하게 울어대는 후덥지근한 저녁이었다. 밖으로 나서자마자 땀이 흘러, 피부가 호흡을 못하지 않을까 싶을 정도로 살이 끈끈해졌다.

마사지를 해주는 그 가게는 오자와 세이라 씨가 알려준 곳인데, 안마사들 모두 솜씨가 대단하다. 그리 크지 않은 가게라 칸막이로 나뉜 공간에 들어가 지압을 받다 보면 옆 칸에서 얘기하는 목소리는 물론 옆옆 칸에서 나는 소리까지 들린다. 때로는 잠든 숨소리와 코 고는 소리도 들린다. 하지만 나는 그 투박한 느낌이 마음에 든다. 정중하게 독실로 안내하고는 무슨 의식처럼 아로마 향초에 불을 붙이고 볼에 담긴 물에 장미꽃잎을 띄워 마사지대 얼굴 구멍 바로 아래—엎드리면 바로 보이는 위치—에 놓는 곳은 난감해진다. 무슨 말이든 감상을 말해야 할 것 같은 기분이 들어 긴장하고 만다. 그런데 이 가게는 전혀 그렇지 않다. 가게에 들어서면 바로 체육복 같은 옷을 건네주고, 칸막이 안에서 그 옷으로 갈아입으면 바로 마사지에 들어간다.

안마사들은 저마다 훌륭한데, 어제 나를 마사지해준 남자는 오랜만에—전에 감동받아 '지명'하던 사람이 다른 지점으로 옮겼던가, 독립하는 바람에 그 후로는 감동할 만큼 뛰어난 사람을 만나지 못했다—하느님이지 않을까 싶을 정도로 완벽하게 마사지해주었다. 압력과 이완, 찡하게 울리는 느낌과 꾹꾹 누르는 느낌, 찌르르 움직이는 느낌. 내 몸이 진정으로 이걸 원했음을 알 수 있었다. 기분이 정말 좋아서, 90분 동안 1초가 지나가는 것도 아까워하며 음미했다. 끝났을 때는 늘 그렇듯 정신이 아득해졌지만, 온몸이 인간으로 돌아온 듯했다. 이 하느님의 이름을 알아두었다가 다음부터는 '지명'해야겠다고 생각했다. 까짓 지명료 500엔이야 너무 싸다 싶을 정도다.

"견갑골 언저리가 엄청나네요."

하느님이 말했다.

"땡땡하게 부풀어서 손가락이 들어가지 않을 정도예요."

나는 당황스러웠다. 견갑골 언저리가 내 근육통의 최대 포인트 중 하나(그곳과 머리와 팔)라는 것은 분명하지만, '땡땡하게 부풀'었다는 것은 살이 그렇다는 뜻일까. 그렇다면 살이 쪘다는 게 아닐까.

"그런데 뭐가 부풀었다는 거죠?"

나는 물었다. 하느님은 잠시 생각하고서 이렇게 대답했다.

"견갑골 언저리요."

"살이?"

단도직입으로 묻자 "아니요, 살이 아니라." 하고 대답하기에, "그럼, 피부?" 하고 다시 물으니 "아니, 피부도 아니고." 한다.

"그리고 목의 신경이 가장 많이 모여 있는 곳에 집중되어 있군요."

다시 '뭐가요?' 하고 묻고 싶었지만, 힐문하는 것 같아 미안한 생각에 잠자코 있었다.

"그리고 관자놀이에 피가 고여 있어요."

하느님의 그 말에 나는 경악했다. 힐문이니 미안하다느니 하고 있을 때가 아니었다.

"과, 관자놀이에, 피가요?"

혹시 뇌일혈이나 정맥류, 그런 거? 구급차에 실려 가는 사태가 벌어지는 것은 아닌지?

"아니, 피가 아니라, 안정피로."

나는 거의 감탄하고 말았다. 피와 안정피로眼精疲勞는 전혀 다른 것이다. 마사지술이 그렇게나 정확한 하느님도 언어는 정확하게 구사하지 못한다. 너무 놀란 나머지 결국 하느님의 이름을 묻지 못했다.

그래도 밖에 나와보니 신기할 정도로 몸이 가벼웠다. 몸무게가 절반으로 줄어든 느낌이었다. 무지근한 곳이 한 군데도 없다. 머릿속도, 시야도 깨끗하다. 너무나 개운해 춤이라도 추고 싶을 정도였다. 비바, 마사지.

　휴대전화를 확인해보니 식사를 함께하기로 한 친구에게 할 일이 남아 좀 늦는다는 메일이 와 있었다. 시간은 오후 6시 반. 하늘 색은 밤인데 바람 한 점 불지 않아 여전히 후덥지근하다. 마사지를 받은 곳도 약속 장소인 레스토랑도 시부야지만, 시간에 여유가 있어 다이칸야마에 가기로 했다. 보고 싶었던 전시회에 잠시만이라도 들르고 싶어서.

　역까지 걸어가 도요코선 계단을 두 번 올라간(급행 역사로 잘못 들어가는 바람에) 시점에 나는 이미 땀범벅이 되고 말았다. 전철을 타고 다이칸야마에 내려 전에 가본 적이 있어 아는 갤러리인데도 길을 헤매 빙빙 돌다 간신히 도착했을 때는, 옷을 입은 채로 샤워라도 한 꼴이었다.

　아크릴화가 중심인 그 전시회의 그림은 여백이 아름답고 구도가 스토리를 품고 있어 흥미로웠다(〈기경肌鏡〉이란 타이틀의 우치다 후미다케 씨 전시회였습니다). 하지만 갤러리에서 나올 무렵에는 땀에 푹 젖었던 블라우스가 에어컨 공기 때문에 차가워져서 내가 왜 이렇게 땀을 흘리는 건지도 이상하고, 아무튼 이대로 식사하러 갈 수는 없겠단 생각에 근처 옷 가게로 뛰어 들어가 티셔츠를 사서 갈아입었다.

몸은 여전히 가볍고, 보송보송하고 청결한 옷을 입었더니 마음까지 가벼워졌다. 더는 땀을 흘리지 않도록 택시를 타고 레스토랑에 갔다. 친구를 기다리는 동안 얼음이 든 라임 스프릿츠를 마시면서 올리브를 안주로 먹었다. 마사지를 받은 후의 몸에, 그 두 가지는 눈이 반짝 뜨이는 청렬함으로 스며들었다.

드디어 나타난 친구와 그 밤에 먹은 여름 요리도―차가운 완두콩 수프, 아보카도와 역시 시원한 닭고기, 옥수수 리소토, 복숭아와 바질 카펠리니, 흰 생선 살 그릴 등등―마치 태어나 처음 먹어보는 음식 같은 신선함으로 몸에 들어갔다. 눈도 아주 잘 보인다. 어깨 결림이 심하지 않은 사람들에게는 세상이 이렇게 선명할까 싶어 놀랐다. 어렸을 때는 이랬겠지, 하고 생각하니 왠지 억울하다.

바에서 먹는 밥, 그리고 알래스카

　물론 자업자득이지만, 마감 날짜를 넘긴 원고가 몇 개나 쌓였다. 마감 직전인 원고에는 미처 손도 대지 못하고, 겨우 하나를 완성해도 그쯤이면 다른 원고의 마감 날짜가 또 지나기 때문에 마감을 넘긴 원고 수가 줄어들지 않는(까딱 잘못하면 오히려 늘어난다) 끔찍한 상황이 벌어진 것이다. 일주일의 절반은 밤을 새우는 날들이 2주 정도 계속되었는데, 그 2주 동안 가장 좋았던 것은 바에서 먹는 밥이었다.

　밤샘을 하지 않는 날이라도 오늘은 이쯤에서 끝내자고 생각하면 이미 깊은 밤이었다. 뭐라도 해 먹을 기력은 남아 있지 않은데(아니, 집에 먹을거리가 거의 없었다) 배는 고프고, 게다가 틀어박혀 있던 서재가 아닌 다른 곳의 공기가 필요하다. 집을 나서 바에 간다. 식사도 할 수 있는 바가 근처에 두 곳 있는데, 한 군데는 새벽 3시까지, 다른 한 군데는 새벽 4시 정도까지 열려 있다. 게다가 양쪽 다 연중무휴(바는 정말 멋진 곳이라고 생각한다. 가지는 않지만 문이 열려 있다는 생각만으로도 마음이 여유로워진다. 그곳에 가면 사람이 있고, 불빛이 있고, 술을 마실 수 있고, 뭐든 먹을 수 있다). 지쳐서 몸과 마음이 너덜너덜한 터라 옷도 갈아입지 않고, 화장은 더욱이 하지 않고 눈이 아파 콘택트렌즈도 끼지 않은 채 나섰지만 바 안이 어두워 안심(아마).

바에서 먹는 식사는 기본적으로 심플하다. 구운 샌드위치나 판 어묵, 스테이크나 야채 스틱. 심신은 지쳤어도 집필하던 여운 때문에 다소 흥분한 상태라 보통 때보다 든든한 것이 먹고 싶었던 나는 2주 동안 스테이크를 두 번, 닭고기 소테를 두 번 먹었다. 그리고 셰리 토닉이나 버번 칵테일을 한두 잔 마시며 한숨 돌리고 돌아와 죽은 듯이 잠들었다.

어쩌다 원고 하나가 완성되면 바에서 건네주었다. 나는 지금도 여전히 원고를 손으로, 게다가 연필로 쓰는지라 팩스로 보내면 글자가 옅어 잘 보이지 않는 경우가 많아 원고

자체를 건넬 필요가 있다. 편집자도 아직 식사를 하지 않은 경우에는 함께 먹었다. 벌써 먹은 경우에는 술만 같이 마셨다.

아주 오래전, 아버지의 원고를 가지러 왔던 편집자들을 기억한다. 늦은 밤이든 아침이든 그들은 꼼짝 않고 앉아 기다렸다. 엄마가 술과 안주를 대접했다. 서재는 아버지와 편집자 두 사람이 피운 담배 연기로 매캐했고, '안녕히 주무세요'와 '안녕히 주무셨어요'를 말하러 가면 실내의 기척과 냄새, 공기의 밀도가 달라 압도되었다.

보통은 이메일로 원고를 주고받는 (듯한) 요즘이지만, 그래도 원고를 가지러 댁으로 가겠다고 말해주는 편집자가 있다. 하지만 내 경우는 집 안 꼴이 너무 엉망이라 오라고 할 수 없다. 이미 잠든 남편을 깨울까 봐 걱정스럽기도 하고, 온다고 해도 시간에 쫓기며 쓰고 있는 마당에 엄마가 한 것 같은 대접은 할 수 없다.

대신, 내게는 바가 있다. 바텐더가 충실하게 대접해준다.

지난 2주 동안 딱 한 번 바가 아닌 곳에서 밥을 먹었다. 풀리지 않아 애를 먹던 원고가 완성된 날, 시간은 깊은 밤보다 훨씬 이른 아마 9시 정도였을 것이다. 회사에서 기다려준 모 문학지 편집장이 "에쿠니 씨, 저녁 아직 안 드셨으면 햄버거 어떠세요. 맛있는 가게가 있는데, 사드리겠습니다." 하고 말했다. 게다가 그 가게는 우리 집에서 멀지 않은 장소에 있는 듯했다. 알려준 장소에(나카메구로 돈키호테 앞) 멍하니 서서 기다리고 있자니 편집장이 경쾌하게 나타나(이 사람은 늘 경쾌하다), 경쾌하게 가게로 안내해 주었다.

한눈에 맛있는 가게라는 것을 알 수 있었다. 미국의 어느 한적한 시골에 있을 법한 외관. 불빛과 함께 고기가 구워지는 소박한 냄새가 보도로 흘러나왔다. 창가에 2인용 조그만 테이블이 비어 있어 그곳에 앉았다. 맥주와 크램 차우더와 아보카도 버거를 주문했다.

맥주는 시원하고, 클램 차우더는 뜨겁고 예쁘고 올바른 맛이 났다. 암, 클램 차우더는 이래야지, 하는 맛.

햄버거도 불평할 여지가 없는 맛이었다. 특히 바삭하게 구워진 번이. 다만 사이즈가 커서, 편집장이 그의 햄버거(에그 버거였다)를 다 먹는 동안 나는 3분의 1도 채 못 먹은 상태였다. 그는 내가 건네준 누런 봉투를 껴안고 엉덩이를 들썩거렸다. 그렇구나, 하고 나는 겨우 깨닫는다. 내가 원고를 너무 늦게 넘기는 바람에 이 사람은 이제 다시 회사로 돌아가 입고 작업을 해야 한다. 나는 머리 숙여 인사하면서, 혼자 있어도 괜찮으니 먼저 가라고 했다. 편집장은 가게 바로 앞에서 택시를 잡아타고 경쾌하게 돌아갔다. 그 후 나는 천천히 햄버거를 먹었다. 도중에 맥주를 한 잔 더 시켰다. 시간은 아직도 10시. 창밖에는 많은 사람들이 오갔다. 젊은 사람들과 나이를 먹은 사람들, 일터에서 돌아오는 사람들, 그리고 아이를 데리고 걷는 사람들. 보통 바에서 보는 사람들과는 전혀 다른 부류의 사람들이어서, 나는 그만 바에서는 절대 하지 않는 생각을 하고 말았다. 이런 시간에 이런 장소에 있다니, 불량 주부네, 하는. 결혼한 여자는 주부라는 사실에 지금도 익숙하지가 않다. 평소에는 편집자들이 내 사정을 봐주어 가게에 혼자 남는 일이 별로 없으니까, 혼자가 되어 자유롭기도 하고 허전하기도 한 기분이 들었던 것 같다.

그건 그렇고, 여기가 나카메구로의 어디쯤일까. 어느 쪽으로 가는 택시를 잡아야 집으로 돌아갈 수 있는 걸까. 그런 생각을 하면서 새삼스레 주위를 둘러보았을 때, 불쑥 그것이 눈에 들어왔다. 내 위치에서 창문 너머 가드레일 바로 앞에 커다란 표지판이 있었다. 집게손가락으로 방향을 가리키는 그림과 함께 'ALASKA'라고 쓰여 있는 표지판이. 알래스카? 저쪽으로 가면 알래스카인가? 깜짝 놀랐다. 과장이 아니라 한 2분 정도는 그 표지판을 쳐다보았다고 생각한다. 내가 어디에 있는지 순간적으로 혼란스러웠다.

  이건 실제로 있었던 일입니다(단, ALASKA는 그 앞에 있는 가게 이름이었다는 것이 며칠 후 판명되었지만요).

포도 한 알

 두 달 전, 우리 애완견이 신부전 진단을 받았다. 그 후로는 병원에서 알려준 도그 푸드를 먹이고 있다. 겉보기에는 지금까지 먹이던 사료와 똑같은데, 우리 개가 이 새 밥을 좀처럼 먹어주지 않았다. 아침에 주어도 저녁때, 혹은 늦은 밤이 되도록 한 톨도 먹지 않았고, 밤에 주어도 다음 날 낮, 또는 저녁때까지 먹지 않았다. 지금은 먹기 때문에 '시간이 어긋났을 뿐'이라고 생각하고 있지만, 하루에 한 번밖에 먹지 않는다는 것은 간단히 말해 지금까지의 절반밖에 먹지 않는다는 뜻이 된다.

 원래 아주 정열적으로 먹는 것을 즐기는 타입—그릇에 사료가 떨어지는 소리만 나도 후다닥 달려와 자발적으로 '앉아' 자세를 취하는 동시에 침을 마룻바닥에 똑똑 떨어뜨린다. '먹어'라고 하면 단박에 얼굴을 그릇에 처박고 후구 또는 후가로 들리는 콧숨 소리와 오도독오도독 씹는 소리를 내며 그야말로 행복한 표정으로, 때로는 눈까지 지그시 감고 입만 움직여 전부 깔끔하게 먹어치우는—이었던 만큼 가여워서, 처음에는 오이 1센티미터, 양상추 한 장을 주고 말았다. 병이 들기 전까지 12년 동안 그는 사료 외에도 채소와 적은 양의 과일, 뼈 모양 애완견용 껌을 즐겼다. 그런 기호품은 야위어 기운이 없는 지금도 신 나게 먹어치운다.

  채소는 아주 조금 줘도 괜찮을까요. 수의사에게 그렇게 물었더니 정말 미안하다는 듯이, 말하기 괴롭다는 듯이, 주지 않는 편이 좋습니다, 라고 대답했다.

  아주 어려운 문제, 라고 생각한다. 현재 신부전은 치료할 수 없는 병이라고 한다. 약과 식이요법으로 증상이 악화되는 것을 다소 늦출 수 있을 뿐이다. 요컨대 연명이다. 그러기 위해서 그는 좋아하던 것을 두 번 다시 먹지 말아야 한다. 오랜만에 나는 심각하게 생각했다. 개의 의견을 묻고 싶었지만 그는 물론 말을—적어도 그렇게까지 복잡한 말은—이해하지 못한다.

나는 오이도 양상추도 주지 않기로 했다. 내가 그러기를 바란다는 이유만으로 그에게 조금이라도 더 오래 내 곁에 있어달라 하기로 했다.

하지만 하루에 한 알 먹어야 하는 하얀 약만은 그가 좋아하는 것에 넣어 먹이기로 했다. 그러지 않으면 알약을 먹지 않는 데다 하루에 한순간쯤은 맛있다고 느낄 수 있었으면 해서다.

그리고 그에 딱 알맞은 것이 포도다.

씨 없는 포도의 껍질을 벗기고, 가끔 씨가 있는 알도 있으니까 안을 확인한 다음 알약을 쏙 집어넣는다. 매일 아침 귀 청소를 한 다음에 주기 때문에 귀 청소를 할 때 잘 참으면 포상을 받을 수 있다는 시스템을 개는 금방 이해하고서, 끝나면 '자, 빨리 줘' 하는 표정을 짓는다. '알았어' 하고 나는 대답한다. 그리고 알약이 든 포도를 한 알 준다. 껍질을 벗긴 포도는 엷은 초록색, 손안에서 녹아버릴 듯 부드럽고 안쓰럽고, 표면은 달콤한 수분을 머금은 채 빛난다.

지난주 〈악인〉이라는 영화 시사회에 참석했다 돌아오는 길에, 배급사 사람과 편집자 둘, 나 이렇게 넷이서 식사를 했다. 장소는 긴자의 주눅이 들 만큼 럭셔리한 어느 레스토랑. 창문으로는 야경이 보이고, 그랜드피아노 연주가 흘렀다. 딱히 주문하지 않아도 와인에 어울리는 요리가 조금씩 차례차례 나온다. 바냐 카우더, 여름 채소 젤리, 한 입 사이즈의 옥돔튀김(씹자마자 포르르 부서지면서 흰 살의 촉감만 남고 사라져버려 감격했다), 푸아그라. 차가운 화이트 와인도 맛있었다. 막 보고 온 영화(재미있었다!)의 여운도 남아 있었고, 우연한 사건(영화 배급사 여자가 내 여동생과 고등학교 동급생이었습니다!) 덕에 화제도 풍성했다. 동생에게 메일을 보내 놀라게도 하는 등, 아주 즐거운 자리였다.

그 식사 종반에 돼지고기 소테가 나왔다. 돼지고기의 브랜드명과 소스 재료, 고기 밑에 여주가 깔려 있다는 것 등등을 가게 주인이 설명해주었다.

"포도."

테이블에 놓인 접시를 보고, 나는 그만 소리 내어 말하고 말았다. 고기 위에 아름다운 슬라이스 포도―씨 없는 포도가 틀림없다―가 얹혀 있었다. 한 2밀리미터 두께로 저며진 원형의 그것은 짙은 보라색 껍질을 띠처럼 두르고, 낯익은 엷은 초록색 속살을 반짝반짝 드러내고 있었다.

나는 우리 집 개를 생각했다. 그리고 하얀 알약을.

포도, 라고 한 내 목소리가 환성처럼 울리지는 않았는지, 싫어하나요? 라 묻듯 걱정스러워하는 시선이 세 방향에서 쏟아지는 것을 느꼈다.

"맛있겠다."

나는 서둘러 그렇게 말했다. 물론, 포도는 아주 좋아한다.

"어떻게 하면 이렇게 얇게 자를 수 있을까."

맛있겠다는 말만으로는 부족해 뭐라도 한마디―가능하면 설명이 될 만한―덧붙여야겠다는 생각에 그런 말까지 하고 말았다.

"얼린 후에 슬라이서로 자른 것 같은데요."

늘 침착하고 다부진 체형이 왠지 모르게 듬직한 편집자가 그렇게 가르쳐주었다.

그리고 하마들은 탱크에서 익어 죽었다

잭 케루악과 윌리엄 버로스가 함께 썼다는 소설을 읽는데, 꽤 맛있겠다 여겨지는 식사 장면이 있었다. 무대는 1944년 여름, 뉴욕. 남자 넷과 여자 하나가 어느 아파트의 한 방에 모여 있다(책을 한참 읽어도 누가 누구와 어디 사는지 모를 만큼 그들은 자주 서로의 집을 오간다). 그들 중 두 명이 선원 일이 들어와서 내일 배를 탈 거라 저녁을 사고 싶다고 한다. 그 말을 들은 '나'는(이름은 윌이다. 윌이 1인칭으로 얘기하는 이 장은 버로스가 썼다) '너희들이 반드시 떠난다면 콜로니에 데리고 갈 테지만…… 확신할 수 없으니 우리 집에서 먹기로 하지'라 대답하고, 종이에 사 와야 할 재료를 쓴다. 스테이크, 두보네, 탄산수, 블루치즈, 이탈리아 빵, 버터, 사과, 두보네용 얼음. "럼은?" 하고 한 사람이 제안하지만, '나'는 "됐어. 여름 드링크로는 두보네가 좋아." 하고 단호하게 거절한다. 재료를 사러 가는 남자 둘은 '나'의 서랍에서 '스포츠센터에서 운동할 때 간혹 입는 짧은 바지 두 벌'을 꺼내 방 한가운데서 갈아입는다. 1944년에 스포츠센터에서 운동할 때 입는 짧은 바지가 어떤 것인지 나는 모른다. 하지만 '나'가 "너희들 그런 꼴로 대로를 나다닐 거야?" 하고 묻거나 "외설물 진열죄로 체포당할 거야." 하고 말하는 것을 보면, 좀 이상한 바지가 아닐까 싶다. 하지만 두 남자는 그런 꼴로 '감시역(?)'인 한 사람과 장을 보러 나간다. 그리고 각자 따로 돌아온다.

그 외에도 매력적인 디테일이 있지만, 아무튼 재료가 갖춰지자 '나는 봉투를 열고 식품을 꺼내기 시작했다. 두툼한 스테이크, 신선하고 촉촉한 블루치즈, 조그만 사과가 담긴 봉지, 길쭉한 이탈리아 빵. 나는 사과를 들고 "요놈은 치즈와 아주 잘 어울리지." 하고 말했다'.

누구는 두보네를 따고, 누구는 '다용도 나이프'로 얼음을 깬다. 탄산수에 섞은 두보네를 각자 마시면서, 누구는 제일 꼭대기 층 복도에 있는 가스스토브에서 스테이크를 굽고 누구는 거들고 누구는 거들다가 말고 누구는 T.S.엘리엇을, 누구는 『유럽』이라는 책을 읽으며 기다린다. 또 누구는 유일한 여자인 헬렌과 '키스를 나누며 다리를 비비기 시작한'다.

그리고 스테이크가 먹음직스럽게 구워진다. 우선 한 장, 그리고 또 한 장. 모두들 '한 입 베어' 먹거나, '이로 찢어' 먹는다. '내 것은 소금기가 부족해서, 얼음 상자 위에서 소금을 집어' 온다. 누가 '표범처럼 포효하기 시작'하자 모두들 따라서 포효하며 고기를 먹는다.

스테이크가 다 없어지자 그다음에는 '치즈와 이탈리아 빵과 사과를 먹었는데, 정말 멋진 궁합이었다. 그리고 모두 앉아 담배에 불을 붙이고는 두보네를 거의 바닥냈'다. 그리고 누군가가 이렇게 말한다. '문 좀 열어줘. 환기를 시켜야겠어'.

더없이 맛있을 것 같다. 맛과 냄새와 풍미와 식감에 대한 설명이 전혀 없는데도, 그리고 다 평범한 것들뿐인데도, 얄미우리만큼 풍성한 식사 풍경 묘사력. 나는 한숨을 푹 내쉬면서, 정말 멋진 식사라고 생각한다. 두보네라는 술은 마셔본 적 없고 블루치즈는 싫어한다. 길쭉한 이탈리아 빵이란 것도 잘 모른다. 하지만 그런 것은 중요하지 않다. 이곳에서 모든 것을 맛있게 하는 것은 방과 친구들이며, 럼은 어쩌냐는 제안과 거절이며, 스포츠센터용 짧은 바지, 그리고 스토브와 얼음 상자 위에 놓인 소금과 환기다.

사람이 충족된 식사를 할 때 필요한 것은 그런 요소들이란 것을 알고 깜짝 놀랐다. 흥미롭다. 그런데 생각해보면 납득 가는 일이다.

실제 있었던 살인 사건을 모티프로 한 이 소설(네, 그런 소설입니다. 먹는 것에 관한 소설은 아니죠. 하지만 먹을거리가 나오는 장면이 많고, 앞으로 읽을 분들의 흥을 깨는 것 같아 많이 얘기할 수는 없지만, 후반에 등장하는 '그렇게 쓸쓸한 맥주는 처음이었다'는 장면도 압권입니다)은 정말 재미날 뿐 아니라 문장을 다루는 케루악과 버로스의 솜씨도 깔끔했다. 그래서 솔직히 한 번 읽고는 둘 다 천재라고 생각했는데, 역자가 후기에서 너무 겸손(?)을 부린 것('어디까지나 습작 수준에 머무는 작품'이라고 쓰여 있다)이 마음에 걸렸다. 하기야 이 책의 또 다른 후기에서 제임스.W.그라워홀츠 James Grauerholz라는 인물(역자 후기에 따르면 '버로스의 애인이며 비서이자 유산 관리인'인 듯)

이 과도한 열정으로 해설을 하고 있어서, 역자는 균형을 잡기 위해서랄까, 독자의 흥분을 잠재울 필요를 느끼고 그랬는지도 모르겠다.

아무튼 이 소설의 제목은 『그리고 하마들은 탱크에서 익어 죽었다 And the hippos were boiled in their tanks』이다. 소설 속 등장인물들은 라디오에서 흘러나오는, 아나운서가 그렇게 말하는 뉴스의 한 대목을 듣는다. 이는 실제로 있었던 서커스단 화재 사건 뉴스로, 케루악과 버로스가 어느 밤 바에 있을 때 정말 들은 말이라고 한다. 서커스단 화재 사건은 정말 애처로운 비극이지만, 초현실적이며 해학적이고, 또 어딘지 모르게 우아하고 완벽한 제목이라고 생각한다.

아사히카와의 소다수

 편집자들이 벌이는 아마추어 야구 시합을 보러 아사히카가와에 갔다. 여름이 어느덧 끝날 무렵이라 아사히카와는 시원할 줄 알았는데 그렇지 않았다. 시합 날에는 기온이 33도나 되었다. 아사히카와에서 시합하는 것도 두 번째, 패한 것도 두 번째라는데, 시합 내용이 작년과는 전혀 달랐다. 대개가 문과 계열 사람들인데 그 성장이 눈부셔 감동스러울 따름이었다. 평균 나이 43세, 최고령 59세인 사람들이 아무도 쓰러지지 않아 다행이었다. 프로 야구 경기에도 사용된다는 그 구장은 넓고 아름답고 벤치에 앉아만 있어도 뭐라 말할 수 없는 신기함이 느껴진다. 나도 모르게 이곳으로 옮겨져 왔다고 표현할 수 있는, 지금 여기 있다는 사실이 믿기지 않는 신기함이다.

내게 운동이란 줄곧 공포 그 자체였다. 하느냐 마느냐의 문제가 아니다. 하느냐 마느냐의 문제라면 하지 않으면 되지만(지금도 하지 않는다), 그전에 운동 주변의 공기가 어색해 절대 접근하지 않겠노라 생각하고 있었다.

그런데 비행기를 타고 아사히카와까지 와서 스탈힌 구장의 '관계자 외 출입 금지'라고 쓰인 문 너머 벤치에 진을 치고 앉아 점수를 매기고 있다(점수 매기는 법은 옛날에 아버지에게 배웠다. 멀리서도 안심하고 관전할 수 있는 프로야구를 좀 더 즐겁게 보기 위해서). 일이 참 묘하게 되었군, 하고 생각한다. 하지만 '묘하게 되는 것'은 기분도 좋고 재미있다.

해가 쨍쨍하고 기온도 높았지만 때로 시원한 바람이 불었고, 고추잠자리가 날아다녔다.

도착한 날은 현지 아마추어 팀이 우리를 선술집으로 안내했다. 그곳에서 정말 먹음직스러운 털게를 먹었다. 커다란 접시에 수북하게 담긴 생선회와 데미글라스 소스를 끼얹은 크림 크로켓도. 물론 술도 신 나게 마셨다. 그 후에는 바로 몰려갔고, 깊은 밤에 라면 가게에도 갔다. 여행지에서의 그 무모할 정도의 식욕이, 나는 유쾌하다. 어떻게 그럴 수 있는지는 모르겠지만 아무튼 그렇다. 일상이 아니니까 모든 것이 가공의 얘기 같고, 음식도 몸에 흡수되는 것이 아니라 쓱 사라지는 듯한 기분이 든다.

시합 당일에도 현지 팀을 따라 곱창구이집에 갔다. 비어 가든처럼 테이블이 야외에 놓여 있는 널찍한 공간인데 왜? 싶을 만큼 연기가 뭉글뭉글 피어올랐다. 아사히카와에서 곱창구이 하면 주로 돼지고기란다. 야들야들하고 꾸밈없는 맛이 났다. 더위에도 모기들의 공격에도 아랑곳하지 않고 모두들 많이 먹고 많이 마셨다. 그 고장에서 수확한 것을 그 고장에서 먹으면 왜 이렇게 특별한 맛이 나는 걸까. 음식과 공기의 친화도가 높아 아주 자연스럽게 좋은 표정을 짓는다고밖에 생각되지 않는다. 시합 후에 먹은, 친구 부모님이 보내주신 삶은 옥수수도 놀랄 만큼 맛있었다. 깨물면, 웃지 않을 수 없는 뭔가가 입속에서 톡톡 터졌다.

그렇게 먹기만 한 이틀이었지만 잊지 못할 광경도 하나 있다. 그것은 내가 먹은 것이 아니라 낯선 이가 마셨던 것, 그리고 그 풍경.

야구 시합은 오후부터였기 때문에 오전 시간은 모두 자유롭게 지낼 수 있었다. 나는 두 시간 동안 느긋하게 목욕을 하고 아침 겸 점심으로 뭐든 간단히 먹을까 싶어 산책 삼아 밖으로 나갔다. 거리는 밝았지만 점심때가 덜 되어서인지 한산했다. 문을 열지 않은 선술집과 라면 가게만 눈에 띄었다. 밤이면 북적거릴 골목길에도 그 시간에는 사람 그림자 하나 없었다. 나는 역에 가보기로 했다. 역내에는 틀림없이 열린 가게가 있을 테니까.

아니나 다를까, 있었다. 찻집과 식당을 겸한 가게로, 오므라이스도 있거니와 우동도 있고, 덮밥이 있는가 하면 빙수도 있다. 어딘지 모르게 정겹고 운치 있는 가게. 나는 식권을 사서 안으로 들어갔다.

안은 전면이 유리고 그 너머가 전철 플랫폼이었다. 그렇다고 플랫폼으로 바로 들어갈 수 있는 것은 아니다. 유리 바로 앞에 카운터가 있고, 그 밑에 스툴이 죽 놓여 있다. 선로 구경을 좋아하기 때문에 그곳에 앉고도 싶었지만, 가게 전체를 바라보고 싶은 마음에 바로 옆에 있는 테이블석에 앉았다. 역사 안답게 이제 전철을 타려는(혹은 어딘가에서 도착해 조금 전 내린) 사람들이 여기저기에서 신문이나 잡지를 읽으며 제각각 음식을 먹고 있다. 카운터 구석에 앉은 초로의 남자 앞에 나온 음식이 내가 주문한 것과 똑같아(생맥주와 유부 우동) 세트네요, 하고 마음속으로 반갑게 생각했다.

유부는 달콤하고 국물은 매콤해서, 북쪽 나라에 왔구나

싶은 여정을 느끼며 먹다가, 문득 조금 떨어진 테이블석에 앉은 두 여자가 눈에 들어왔다. 장년이라고 할까 초로라고 할까, 차림새가 반듯한 부인들이었다. 한쪽은 은발에 검은 테 안경, 다른 한쪽은 검은 단발머리. 둘 다 풍성한 플레어 스커트를 입고 있다. 전철을 타려는 것은 아니고 쇼핑을 하다 잠시 쉬고 있는 것처럼 보였다. 둘 다 똑같이 소다수를 마시고 있었다. 그 옛날의 진한 초록색 소다수. 손잡이가 있는 잔이 아닌 약간 큰 보통 컵에 담겨 있다.

나는 단박에 떠올렸다. 어렸을 때, 여자 어른은(당시 내 언어로 하자면 아줌마들) 모두 소다수를 마시는구나, 하고 생각했다. 찻집에서 잠시 쉬거나 잠깐의 여유를 즐길 때, 아저씨들이 반드시 맥주를 마시듯 아줌마들은 소다수를 마시나 보다고. 물론 우리 엄마처럼 술을 마실 줄 아는 여자가 있다는 것은 알고 있었지만, 그런 사람들도 여자끼리 있거나 낮이면 소다수를 마셨다.

나는 내 앞에 놓인 유부 우동과 절반을 비운 맥주잔을 내려다보았다(아저씨와 똑같은). 그리고 그녀들을. 둘 다 숭고해 보였다. 반듯하고 훌륭한 일본 부인들이었다.

포타주와 기계

 포타주라면 좋아서 어쩔 줄 모른다.
 콘 포타주, 비시수아즈, 완두콩 포타주. 이 세 가지가 빛나는 주역. 하지만 갖가지 채소로 다양한 포타주를 만들 수 있다. 양송이버섯이나 크레송, 당근, 단호박. 내가 좋아하는 것은 샐러리 포타주다. 여름에는 시원하게, 겨울에는 따뜻하게 해서 먹는다.
 포타주의 좋은 점은 우선 온도―따뜻한 경우에는 그 따뜻함, 차가운 경우에는 그 차가움―이고, 그다음은 혀에 닿는 감촉―너무 부드럽지 않고 채소의 존재감이 살짝 가칠하게 느껴지는―, 그리고 진하면서도 모나지 않은 맛이라고 생각한다. 맛있는 포타주를 먹으면 그 맛이 온몸, 온 세

포에 고루 퍼지는 느낌이 든다.

고요한 음식이다(음식에는 고요한 것과 시끌벅적한 것이 있다). 포타주는 철저하게 고요하고, 나는 그 점을 좋아하는지도 모른다.

레스토랑 메뉴에 포타주가 있으면 그것이 단호박이나 고구마 등의 단맛이 강한 쪽이 아닌 한 반드시 주문한다. 포타주를 내밀면 거절하지 못한다. 간혹 가는 레스토랑에서는 여름에는 시원한 아보카도, 가을에는 포르치니 버섯, 겨울에는 콜리플라워 포타주를 먹을 수 있다. 세 가지 다 무척 맛이 깊다. 지나치게 복잡하지 않고, 소박하면서도 단정해, 단정함도 좋은 포타주의 특징이라는 것을 알 수 있다. 이탈리안 레스토랑인데, 그곳에 갈 때마다 가장 기대하는 것은 파스타도 메인 요리도 디저트도 아닌 수프다.

내가 생각해도 정열적으로 포타주를 사랑한다 싶은데, 집에서는 좀처럼 만들지 않는다. 도무지 포타주가 먹고 싶어 견딜 수 없을 때만 만든다. 이유는 단순하다. 콩이나 채소를 푹푹 끓이는 미네스트로네 수프와 달리 포타주는 체로 걸러야 하기 때문이다. 체로 거르려면 힘이 필요하다. 그걸 하고 나면 지치고 힘이 빠져, 그다음 날 열이 오른다.

게다가 체에 거르다 보면 샐러리나 완두콩, 감자의 섬유질이 체에 들러붙는다. 씻어도 잘 씻기지 않는다.

 믹서를 사면 되잖아, 하고 남들은 말한다. 나도 그렇게 생각한다. 믹서가 있으면 매일이라도 포타주를 먹을 수 있을(!) 테니까. 하지만 나는 체로 거르는 것만큼이나(아니, 그 이상으로) 기계를 싫어한다.

 기계를 싫어하는 사람이 의외로 많다. 제대로 사용하기 어렵다는 사람이. 하지만 내 경우는 제대로 사용할 줄 모를뿐더러, 무섭다. 너무 무서운 나머지 거의 증오한다. 그 증오심이 기계에도 전달되는지 그들 쪽에서도 나를 싫어한다. 그래서 여차하면 망가진다. 일하는 방의 전화도 몇 번이나 고장 나 새로 샀는데, 또 고장 났다. 지금은 컴퓨터도 고장 난 상태다. 고장 나면 점점 더 무서워진다. 무섭다는 것은 내게 위협이다. 위협을 느끼면 나는 증오한다.

 반면 그런 나 역시 기계의 은총 속에 살고 있다. 에어컨과 휴대전화가 없으면 곤란하고, 커피 메이커와 세탁기는 진심으로 사랑한다. 하지만 감사나 사랑이 증오심을 줄여주지는 않는다.

 기계의 최대 위협은 주종 관계가 뒤틀린다는 것이다. 내가 사용하고 있는데 사용되고 있는 듯한 기분이 든다. 조심조심 무서워 절절매면서, 아무쪼록 화내지 마세요, 작동해주세요, 하고 부탁해야 한다. 부탁한다기보다 기도한다는 편이 옳을지도 모르겠다. 작동하지 않아도 기계는 사과하는 법이 없으니 내가 사과할 수밖에 없다. 미안해요, 내가 뭘 잘못했나 보군요, 그런 거군요.

한편 기계는 손도 발도 없어 스스로 자유롭게 움직일 수 없기 때문에 인간이 보살펴줘야 한다. 그것도 위협이다. 코드를 뽑으면 순식간에 죽으니까 그런 횡포를 부릴 수는 없다. 약한 것을 괴롭히는 듯한 느낌이 들고 만다.

그래서 기계에는 되도록 관련되지 않으려고 애쓴다. 지난 8년 정도 청소기를 쓰지 않고 있다. 청소는 빗자루와 쓰레받기와 손걸레와 대걸레로 한다. 텔레비전이나 비디오 역시 단 한 번도 건드리지 않았다(이쪽은 벌써 10년째다).

그랬더니 얼마 전에 놀랄 만한 일이 벌어졌다. 10년 만에 텔레비전을 좀 보려 했는데 텔레비전을 어떻게 켜는지 알 수가 없었던 것이다. 거짓말이라 여길지 모르지만 사실이다. 나도 모르는 사이에 텔레비전 주변에 리모컨이 늘어나 어느 것이 텔레비전을 켜는 리모컨인지 종잡을 수 없었다. 하나하나 눌러보았더니 전원이 켜지는 것이 있어 겨우 '이거구나' 하고 알기는 했는데, 화면에 영상도 뜨지 않고 소리도 나지 않았다. '외부입력1'이라는 글자만 떠 있을 뿐. 비디오가 아니라 텔레비전을 보고 싶은데, 하고 생각하면서 리모컨 버튼을 닥치는 대로 눌렀다. 그리고 마침내 시끌시끌한 소리와 함께 화면이 나타났다. 아, 다행이다. 이건 비디오가 아니라 지금 방영 중인 텔레비전 프로그램일 거야. 이 시점에서 내 두 손은 초조함과 굴욕감에 땀을 흘리고 있었다. 녹화를 할 줄 모르는 정도라면 몰라도 텔레비전을 켜는 것조차 모르다니. 그런데 내가 보고 싶은 프로그램이 도무지 나오지 않았다. 채널 버튼이겠지 싶은 네모난 버튼 열두 개와 동그란 버튼 열두 개의 표면에 찍혀 있었을 숫자는 죄 마모되어 지워져 있다. 1 옆이 3일 것 같았는데 아무래도 그렇지 않은 듯했다. 버튼 전체를 하나씩 눌러보았지만 그날 내가 보고 싶었던 프로그램(NHK 위성에서 하는)은 결국 나와주지 않았다.

됐어, 이제 안녕이야, 하고 나는 생각했다. 기계와는 이제 안녕이라고. 정말 싫다. 하지만 여름이 지나 시원한 바람이 불고 수프가 맛있어지는 계절이 되니 포타주를 좋아하는 사람으로서 역시 믹서가 있었으면 하는 바람이 조금은 생긴다.

빵과 불문율

 어렸을 때 빵 먹기 대회를 선망했다. 만화책 같은 데서 운동회를 했다 하면 언제나 등장할 만큼 18번 대회인 듯한데 내가 다니는 학교에서는 한 적이 없었기 때문이다.

 물론 지금 생각하면 해본 적이 없는 게 오히려 다행이다 싶다. 아마도 굴욕적인 대회일 것이다. 깡충 뛰어 빵을 물어뜯어야 하다니. 게다가 겨우 빵을 물었는데 실이 흔들리거나 입을 벌리면 허탕이 되(될지도 모른)다니. 일단 그렇게 되면 실이 꼬이면서 이리저리 흔들려 점점 더 먹기 어려워질 것이다. 상상만 해도 끔찍하다. 대회다 보니 마음도 조급해질 것이다. 나는 급하게 하는 것을 아주 싫어하는 사람이니까, 가슴은 쿵쿵 뛰고 분한 기분도 들 것이다. 만화에서 본 그림이 맞다면 실에는 길고 짧은 것이 있고 빠른 사람이 긴 실에 걸린 빵을 선점하는 모양이니, 애당초 키도 작고 달리기도 못하는 나는 빵에 입이 닿지 않을지도 모른다. 그런데도 대회인 이상 남들이 보는 앞에서 입을 쩍 벌린 채 깡충깡충 뛰기를 계속해야 한다.

그런 곤욕을 치르지 않아 정말 다행이다.

그래도 어렸을 때는 그게 그렇게 재미있어 보였다. 파란 하늘 아래, 빵이 빨래처럼 로프에 매달려 있다. 상상 속 그 광경에는 『헨젤과 그레텔』 속 과자로 만든 집이나 『이상한 나라의 앨리스』 속 미치광이 모자 장수의 티 파티와도 비슷한 신기함이 있어 강렬하게 매료되었다. 초현실주의 그림을 한없이 바라보는 것과도 비슷한 느낌이다.

빵이란 물체의 소박함과 하나하나가 독립되어 있다는 느낌도 좋았다고 생각한다. 대회라서가 아니라 빵이 있는 그 광경에 마음을 빼앗긴 것이다.

그런데 나와 동생 사이에는 빵을 둘러싼 불문율이 있다. 바게트는 무슨 일이 있어도 사 온 날 다 먹는다는 것이다. 그 불문율이 생긴 후로—언제 생겼는지는 정확히 모르지만 아마 동생은 초등학생이고 나는 대학생일 무렵이었을 거다―, 우리는 고집스러울 정도로 충실하게 그 약속을 지키고 있다.

말할 필요도 없겠지만, 바게트는 하룻밤이 지나면 다른 빵으로 변했나 싶을 만큼 맛이 떨어진다. 우선 고소하게 말라 바삭바삭 부서지는 껍질이 사라진다. 그다음 습기를 머금은 말랑말랑한 속살에 밀가루의 달콤함이 밴 안쪽이 말라버린다. 그래서 사 온 날 바로 먹는다는 불문율을 지키는데, 이렇게 지키지 않아도 누구 하나 곤란하지 않은 약속을, 지키지 않으면 누군가는 곤란해지는 약속보다 더 잘 지키는 이유는 우리가 고집스럽기 때문인 듯하다.

간단한 일처럼 보일지 몰라도 '무슨 일이 있어도'는 상당히 엄격한 조건이다. 우리가 직접 바게트를 사 왔을 때는 별 문제가 없다. 그런데 만일 엄마가 사 왔고, 마침 나나 동생이(또는 둘 다) 집에 없었다고 치자. 식사를 하거나 술을 마시고 동생은 밤 11시에, 나는 12시에 집에 돌아왔다고 치자. 우리는 깊은 밤 1시에 부엌에 서서라도 반드시 바게트를 먹는다. 전용 칼로 싹둑싹둑 썰어 한 조각마다 버터를 발라서. 왜 서서 먹는지 동생과 얘기한 적은 없지만 먹고 싶은 욕망 때문에 먹는 것이 아니라 불문율을 깨지 않기 위해 먹는다는 뜻의 포즈였다고 생각한다. 사실 나나 동생이나 한밤중에 바게트를 먹을 때면 '이것은 마음가짐의 훌륭한 실천'이라 믿어 의심치 않았고, 그래서 '먹자'가 아니라 '먹어야지' 하면서 먹기 시작했다.

"할배(나다). 큰일 났어. 엄마가 바게트 사다 놨더라고."

동생이 내 방으로 뛰어 들어와 그렇게 보고한 적도 있었다.

"뭐, 또?"

만약 이 대화를 누군가 들었다면, 바게트를 싫어하나 보다고 생각할 것이다. 하지만 그 반대다. 엄청 좋아했다.

우리의 불문율이 아빠와 엄마에게도 서서히 침투한 나머지 새벽 4시에 넷이 바게트를 먹은 적도 있었다. 커피도 홍차도 끓이지 않고 와인도 따지 않은 채, 부엌 조리대를 둘러싸듯 서서 뭔지 모를 엄숙한 기분으로.

이럴 때 간혹 엄마가 웃음을 터뜨렸다.

"왜 꼭 지금 먹어야 하는데?" 하거나 "너희들도 참."(그 한마디뿐이지만 어쩌면 그 뒤에 '바보다'가 숨어 있지 않았을까) 하면서 웃지만, 그래도 즐겁게 함께해주었다.

아빠의 반응은 좀 더 이상했다. "흐음, 그럴 만도 하군." 하거나 "늘 한밤중에 이런 짓을 했던 거냐?" 하거나 "놀랍구나."라 중얼거리고는 무척이나 감동하면서 "그럼 아빠도 거들어야겠구나." 하고 결심한 듯 말했다. 아빠는 무작정이라고 해도 좋을 만큼 우리의 불문율을 존중해주었다.

그 후 결혼해서 집을 나와 따로 살게 되었는데도 나는 여전히 그 불문율을 지키고 있다. 동생에게 물어본 적은 한 번도 없지만 그녀 역시 지키고 있을 것이라고 내심 확신한다.

부드러운 양상추

부드러운 양상추에 대해 쓰려고 했다. 부드러운 양상추. 이 말은 『피터 래빗 이야기』라는 작은 그림책과 관련이 있다.

베아트릭스 피터가 영국의 시골을 무대로 그림을 그리고 글까지 곁들인 스물한 권(시까지 포함하면 스물세 권)의 귀엽고 세밀하고 풍요로운 이야기 시리즈의 첫 권.

스토리는 이렇다. 아기 토끼 피터 래빗이 엄마 토끼가 하지 말라는데도 인간의 밭에 숨어들어 채소를 엉망으로 만들어버린다. 그러다 인간(맥그리거라는 늙은 농부)에게 발각되어 온 밭을 도망 다닌다. 구스베리 나무에 걸어두었던 그물에 걸리기도 하고 물뿌리개 속에 숨어 있다 들키기도 하다가, 결국은 방향감각을 잃고(돌아가는 길의 표시인 나무 문을 찾지 못한다) 정신없이 뛰어 도망치다 보니 어느새 자기 집에 돌아가 있었다는 이야기.

줄거리에 복잡한 부분은 전혀 없다. 하지만 이 책에는 단순과는 거리가 먼 섬세한 기쁨이 촘촘히 박혀 있다.

이 그림책을 읽다 보면 얼굴 바로 앞에서 흙냄새가 나는 듯한 기분이 든다. 신선한 채소 냄새와 하늘 냄새도, 인간의―주로 신발의―냄새도. 정성스럽게 일군 흙의 촉감을 음미할 새도 없는 우왕좌왕 속에서, 그럼에도 두 손과 두 발(나는 인간이니까, 그렇게 말할 수밖에 없다)의 피부로 직접, 질릴 만큼 알게 되었다고 느낀다. 또 토끼 한 마리 몸무게만큼의 가벼움도. 그 몸 한가득 들어찬 공포, 아니 세계 그 자체로 변한 공포와 텅 비어버린 자신을. 텅 비어 있어서 바깥쪽의 공포 외에는 아무것도 느낄 수 없다. 엄마도 집도 의식에서 완전히 소멸되어 육체만이 뛰고 있음을 느낀다.

나무 문 안으로 들어갔다는 것을 희미하게, 마치 자신의 의식이 아닌 것처럼 멀게 인식할 뿐이다. 공기와 풍경의 변화도. 텅 빈 채 뛰고, 뛰고, 또 뛴다. 조금씩 자신을 되찾아

이제 쫓기지 않는다는 느낌이 막연하게 들지만, 그래도 또 뛴다. 그리고 이제 거의, 라기보다 분명하게 벗어났다는 예감 비슷한 것이 들고 그 예감이 점점 커진다. 안도감이 마음이 아닌 몸을 채운다. 안도는 공포 이상으로 압도적이라 그 행복감에 거의 죽을 지경이 된다.

이 조그만 책을 읽을 때마다 말로 표현하면 이런 감정의 소용돌이가 내 안에서 실제로 생겨난다.

맥그리거 씨에게 피터는 밭을 망치는 한낱 산토끼에 지나지 않는다. 맥그리거 씨에게는 맥그리거 씨의 입장과 의견과 생활이 있고, 토끼고기는 식품이 되고 가죽은 팔 수 있다. 실제로 피터의 아빠는 '맥그리거 씨 부인 손에 고기 파이가 되고 말았'고, 『플롭시의 아이들』이라는 이야기에서는 아기 토끼 여섯 마리가 맥그리거 씨에게 잡혀 자루에 담긴다. 이때 자루 바로 옆에 있으면서 아무것도 할 수 없는 부모를 묘사한 대목이 있는데, 정말 애처롭다(망연히 서 있는 두 마리의 모습은 밀레의 〈만종〉을 방불케 한다. 엄마 토끼는 두 손으로 얼굴을 가리고 있다).

포터가 그리는 동물들은 옷을 입고 인간처럼 생활하지만 인간에게 길들지 않은 야생동물이라, 때로 인간의 적이 된다. 다른 동물이 적이 되는 경우도 있다. 그런 그들의 생활을 포터는 멋들어진 그림과 이야기에 담아 보여준다. 각 동물의 습성을 바탕으로 유머러스하고 정교한 이야기를 꾸며냈다.

피터 래빗은 마요네즈 광고에 등장하는 등 일본에도 널리 알려져 있다. 하지만 이 스물한 권짜리 이야기의 풍요로움은 의외로 잘 알려지지 않은 듯해 아쉽다.

예를 들어 『모페트 이야기』라는 권은 심플하고 뛰어난 감각 때문에 시리즈 중에서 가장 좋아하는 책인데, 몇 번을 읽어도 반드시 똑같은 장면(일곱 군데 있다)에서 웃고 만다. 『티미 팁토스 이야기』는 다람쥐 부부 두 쌍의 속내를 그린 소박하면서도 맛이 깊은 한 권이고, 『파이와 패티 팬 이야기』도 쓰자면 끝이 없을 만큼 풍부한 세계가 펼쳐진다.

그리고 부드러운 양상추. 그것에 대해 쓰려고 했으니 처음으로 돌아가자.

밭에 숨어든 피터는 채소의 맛에 감격한다. 정말 부드러운 양상추네!

처음에는 잘 몰랐다. 부드러운 양상추? 살짝 시든 양상추인가? 그렇게 생각했다. 양상추라는 채소의 싱그러움, 아삭하게 씹히는 맛을 형용하는 말로는 '신선한'이나 '아삭아삭한'이 어울리지 않을까 싶었다.

그런데 그 생각이 인간 중심의 발상이라는 것을 어느 날 문득 깨달았다. 피터는 물론 야생 토끼다. 보통 때는 들판에 돋은 풀을 뜯어먹는다. 딱딱하고 섬유질이 많고 말라비틀어졌어도 달리 선택의 여지가 없다. 그런 풀들을 씹는 힘도 충분히 갖추고 있다.

그런 그에게, 인간이 밭에서 재배한 식용 양상추가 얼마나 부드럽게 느껴졌을지. 그리고 그 부드러움은 신선함 그 자체였을 것이다.

정말 부드러운 양상추!

정말 멋진 문장! 이라고 나는 믿고 있었다. 그런데 몇 번을 다시 읽으면서 이 책 어디에도 그런 문장이 없다는 것을 알았다. 다소 비슷한 문장이 속편인 『벤자민 바니 이야기』에 '이 밭의 양상추는 과연 고급스럽다'고 나오기는 하지만. 깜짝 놀랐다.

정말 부드러운 양상추!

이 말은 아마도 토끼로 완벽하게 변신한 내가 마음속으로 외친 감탄의 말이었던 같다.

| 옮긴이의 말 |

부드러운 양상추

미각이 춤추는 계절이다.

파란 하늘 아래, 여름 내내 더위에 시달려 지치고 늘어진 심신이 풍성한 가을을 만나 기지개를 편다.

먹자골목 거리에서는 가을 전어를 굽는 고소한 냄새가 풍기고, 우리 집 식탁에도 살이 통통하게 오른 고등어조림이 오른다. 노천카페에서 마시는 커피도 이 계절이면 유독 따끈하고 감미롭다. 알뜰장터에 선보인 햇사과의 터질 듯한 빨간 색도 눈이 부시다.

맛난 먹거리에 대한 추억은 언제나 우리네 희로애락과 함께한다.

하루의 마지막에 마시는 시원한 맥주 한 잔은 우리를 기쁘게 하고, 김빠진 맥주는 우리를 분노케 한다. 사랑에 빠진 이들이 마시는 술은 무엇이든 달짝지근하고, 사랑을 뒤로한 이가 마시는 술은 아프고 쓰디쓰다.

  좋은 음악이 삶의 애환과 더불어 생의 기쁨을 환기하고 애증의 눈물을 쥐어짜는 것처럼.

  먹거리가 우리의 원초적인 감각을 이렇게 건드리는 까닭은 그것이 곧 생명이기 때문일 것이다. 생명 앞에서는 어느 누구도 치열하게 감각을 버리지 않을 수 없다.

김난주